2024-
2025
年版

徹底マスター
美容師
国家試験
過去問題集

石井 至●著
JHEC（日本美容教育委員会）●編

日本能率協会マネジメントセンター

本書の内容に関するお問い合わせについて

平素は日本能率協会マネジメントセンターの書籍をご利用いただき、ありがとうございます。
　弊社では、皆様からのお問い合わせへ適切に対応させていただくため、以下①〜④のように
ご案内いたしております。

①お問い合わせ前のご案内について

　現在刊行している書籍において、すでに判明して
いる追加・訂正情報を、弊社の下記 Web サイトでご
案内しておりますのでご確認ください。

https://www.jmam.co.jp/pub/additional/

②ご質問いただく方法について

　①をご覧いただきましても解決しなかった場合に
は、お手数ですが弊社 Web サイトの「お問い合わ
せフォーム」をご利用ください。ご利用の際はメール
アドレスが必要となります。

https://www.jmam.co.jp/inquiry/form.php

　なお、インターネットをご利用ではない場合は、郵便にて下記の宛先までお問い合わせ
ください。電話、FAX でのご質問はお受けいたしておりません。
〈住所〉　〒103-6009　東京都中央区日本橋 2-7-1　東京日本橋タワー 9F
〈宛先〉　㈱日本能率協会マネジメントセンター　ラーニングパブリッシング本部　出版部

③回答について

　回答は、ご質問いただいた方法によってご返事申し上げます。ご質問の内容によっては
弊社での検証や、さらに外部へ問い合わせることがございますので、その場合にはお時
間をいただきます。

④ご質問の内容について

　おそれいりますが、本書の内容に無関係あるいは内容を超えた事柄、お尋ねの際に記
述箇所を特定されないもの、読者固有の環境に起因する問題などのご質問にはお答えでき
ません。資格・検定そのものや試験制度等に関する情報は、各運営団体へお問い合わせ
ください。
　また、著者・出版社のいずれも、本書のご利用に対して何らかの保証をするものではなく、
本書をお使いの結果については責任を負いかねます。予めご了承ください。

はじめに

本書は、国家試験である美容師試験の筆記試験対策の問題集です。

JHEC（日本美容教育委員会）では、『集中マスター 2023-2024年版 美容師国家試験合格対策＆模擬問題集』を編集し、日本能率協会マネジメントセンターから出版しています。それが応用力の向上に最適な本であるのに対し、本書はこれまでに出題された過去問題を豊富に取り上げ、美容学校の授業に合わせて理解を深めていただくことを想定して執筆・編集しました。

公益社団法人日本理容美容教育センターが発刊する教材（以下、教科書）に掲載されていない用語や内容でも、実際に試験で出題されたものは著者の判断で取り上げています。

本書が、美容師を目指している方々をご指導されている先生方のお役に立てましたら幸いです。また、美容師を目指している読者の皆様が本書をご利用くださり、美容師試験に合格なさることを心よりお祈りしています。

JHEC 事務局長

石井　至

※本書は2023年9月1日時点の情報をもとに作成されています。
※最新の国家試験に関する情報は、公益財団法人理容師美容師試験研修センター（https://www.rbc.or.jp/index.html）の「新着情報」等でご確認ください。

C O N T E N T S

I部 過去問題に挑戦しよう

II部 分野別問題で理解を深めよう

Chapter 1
関係法規・制度及び運営管理

Chapter 2
衛生管理

Chapter 3
保健

● 略称について ●

本文では下記のように略称を用いています。

法 ································美容師法

施行令 ······················美容師法施行令（政令）

施行規則 ················美容師法施行規則（厚生労働省令）

生衛法 ······················生活衛生関係営業の運営の適正化
及び振興に関する法律

医薬品医療機器等法 ·····医薬品、医療機器等の品質、有効性
及び安全性の確保等に関する法律

● 過去問題の出題年情報について ●

例

[R元-40-1]

↓

令和元年第40回試験の問題1

※「改題」とついているのは、出題時点以降に法律や施行規則が改正されたため、現行法制上ふさわしい問題となるように、問題文を変更したものです。また、平成12年以降、美容師試験の実施団体では通し番号でよぶようになりました。本書も、この通し番号に合わせた表記をしています。

美容師試験の
基本知識

◎美容師になるには

　美容師について定める美容師法という法律では、第３条第１項で「美容師試験に合格した者は、厚生労働大臣の免許を受けて美容師になることができる」と定めています。つまり、美容師試験に合格した人だけが美容師になれるのです。

◎美容師試験とは

　美容師試験は、同法第４条の２第１項で、厚生労働大臣が指定試験機関を指定して試験の事務を行わせることができると定めており、現状では、公益財団法人理容師美容師試験研修センターが唯一の指定試験機関になっています。

公益財団法人理容師美容師試験研修センター問い合わせ先

〒135-8507　東京都江東区有明3-7-26　有明フロンティアビルＢ棟9F
TEL　03-5579-0911　　　　　　　　または各ブロック事務所

◎受験資格

　美容師試験の受験資格は、同法第４条第３項の規定により、「厚生労働大臣の指定した美容師養成施設において厚生労働省令で定める期間以上美容師になるのに必要な知識及び技能を修得したものでなければ受けることができない」とされています。つまり、美容学校を卒業した人でないと受験できないことになっています。また、美容学校の期間は、美容師法施行規則第11条に定められているとおり、昼間・夜間課程は２年間、通信課程は３年間になっています。

◎試験科目

　平成31(2019)年3月に試験科目と出題数の変更が発表され、令和2(2020)年3月より新制度による試験が実施されました。

　主な変更点は、「運営管理」「文化論」が加わったことです。「運営管理」は経営、労務管理、マーケティング等の内容を含んでおり、現場の美容所の運営に必要な内容です。また、「文化論」は美容業の歴史、日本と西洋のファッション文化史、洋装を含む礼装についての内容になっいます（なお、令和3(2021)年3月試験までは経過措置が取られていました）。

課目（科目）	出題数
関係法規・制度及び運営管理	10問
衛生管理	15問
保健	10問
香粧品化学	5問
文化論及び美容技術理論	15問
合計	55問

　解答時間は1時間40分で、60％以上の正答率で合格となります。ただし、いずれの課目においても無得点がないことが必要です。

◎美容師免許

　美容師試験に合格した人は、同施行規則第1条のとおりに、免許申請書に戸籍謄本（または抄本、住民票の写し）と、精神の機能の障害に関する医師の診断書をそえて、厚生労働大臣の指定登録機関に提出します。審査を通過すると、美容師名簿に登録され、指定登録機関から美容師免許証明書が交付されることになります。

過去問題の
傾向と対策

◎関係法規・制度及び運営管理

　おおむね、以前からの頻出問題が繰り返し出題されている印象です。合格点を取るには、本書で紹介されている問題を繰り返し練習するのが最も効率的です。

　時代を反映した目新しい問題としては、第44回・問題7・選択肢1では「レーザー脱毛」、選択肢4では「個人情報の保護に関する法律」が出題されています。第45回・問題2・選択肢3では「外国の美容師の資格」に関して、第47回・問題4・選択肢1では「外国人は、美容所の開設者になれる」かが問われています。外国の人が美容業界で働くのがめずらしくない時代がくるということなのでしょう。

　社会人経験がない若い世代の人にとっては、健康保険や労働基準法等はわかりにくい分野だと思います。そういうことを考慮してか、出題も非常に基本的なことが問われていますので、教科書をよく読んでおくとよいでしょう。

　第47回・問題4・選択肢4では「理容所及び美容所の重複開設」について問われていますが、めずらしい問題です。教科書には記載がありますので、教科書の小さな字の説明も気をつけて読むことが必要です。

◎衛生管理

　衛生管理は、公衆衛生・環境衛生、感染症、衛生管理技術のいずれの分野でもおおむねオーソドックスな出題ばかりでしたので、得点源にすべきところです。ただし、注意すべき問題がいくつかありました。

　第45回・問題13・選択肢2の「女性の喫煙者率」ですが、日本の女

性の喫煙者率はしばらく横ばい状態ですが、他の先進国と比べると低いことに注意が必要です。また、日本の死亡率（粗死亡率）は上昇傾向ですが、「年齢調整死亡率」は低下しており、そのことが第46回・第11問・選択肢2で問われました。

　また、新型コロナウイルス感染症の影響か、予防接種についての出題が増えています。定期の予防接種と臨時の予防接種については、第44回・問題18・選択肢2、第45回・問題19・選択肢4、第47回・問題17・選択肢2と繰り返し出題されています。第47回・問題17は正解が2つある出題ミスですが、予防接種法に基づく予防接種（定期と臨時）のほかに、任意の予防接種もあることを理解しておく必要があります。

◎保健

　人体の構造及び機能、皮膚科学のいずれの分野においても、オーソドックスな出題でした。

　「内耳」の問題が第44回・問題29、第45回・問題28、「聴覚」の問題が第46回・問題30と、耳が頻出でした。教科書の耳の図をよく見て、それぞれの部位の役割を復習しておくことをお勧めします。

　また、昨今、テレビなどでも美容外科のコマーシャルが多く見られるように、美容外科が一般的になってきたためか、第45回・第34問・選択肢2では「抗しわ療法」としてのボツリヌス毒素について出題されています。

◎香粧品化学

　香粧品化学では、何よりも「パーマ剤」については必ず出題される

と言っても過言ではありません。第44回・問題39、第45回・問題39、第46回・問題39、第47回・問題39で出題されています。

「パラオキシ安息香酸エステル（パラベン）」についても頻出です。第44回・問題38・選択肢1、第45回・問題38・選択肢1、第46回・問題38・選択肢2で出題されています。

「酸化染毛剤」と「酸化染毛料（酸化染料）」については、教科書でも違いが解説されていますが、これも頻出です。第44回・問題40・選択肢3、第46回・問題40・記述aとc、第47回・問題40・選択肢3で出題されています。

◎文化論及び美容技術理論

文化論については、「ソバージュ」（第44回・問題46、第45回・問題42・選択肢3、第47回・問題41・選択肢3）、「セシールカット」（第45回・問題42・選択肢2、第46回・問題42・選択肢2、第47回・問題41・選択肢1）、「ヘップバーンカット」（第46回・問題42・選択肢1）・「ヘップバーンスタイル」（第47回・問題41・選択肢4）、「ウルフカット」（第45回・問題42・選択肢1、第46回・問題42・選択肢3）が頻出です。

ほかにも、「ソフィア・ローレン」（第44回・問題42・選択肢1）、「メアリー・クワント」（第44回・問題42・選択肢2）、「アンドレ・クレージュ」（第47回・問題43・選択肢4）などが出題されているので、教科書にある有名な外国の人の内容は要チェックです。

美容技術理論の出題はオーソドックスでした。なかでも時代を反映してか、「まつげエクステンション」については毎回出題されています。第44回・問題54、第45回・問題55、第46回・問題54、第47回・問

題54と繰り返し出題されていますので、確認してください。

　全般的に、難易度は年々上がってきているように思いますが、合格点を取るという観点では、過去問題をしっかりと勉強すれば支障ありません。

本書の
活用法・
学習アドバイス

（1）まずは最新の過去問を1回分解いてみる

　4回分掲載している最新の過去問の1回分を解いてみましょう。筆記試験は60％以上の正解（ただし、いずれの課目も無得点がない場合）で合格になりますから、まずは、自分が今どのくらいの点数をとれるかをチェックしてみるとよいでしょう。半分も正解できない場合は、これからしっかりと勉強しないと合格できないことは明らかですから、腰を据えて勉強する覚悟が必要です。

（2）課目別に勉強する

　次に、課目別に勉強します。1課目ずつ繰り返し勉強し、知識が定着したと思ったら次の課目に進む、という具合です。Ⅱ部の課目別の過去問題に取り組み、わからないところは本書の解答を見るだけでなく、教科書の該当部分も見返すとよいでしょう。全課目が終わったら、復習のためにもう一度、課目別の過去問に通しで取り組みましょう。

　毎日1時間勉強しても2〜3週間はかかると思います。つまり、最低でも試験前の2週間は対策に集中する必要があるということです。

（3）実力を試す

　Ⅰ部の過去問の残りを解いてみます。これで70％以上とるのが目標です。余裕があったら、『集中マスター 2023-2024年版 美容師国家試験合格対策＆模擬問題集』（日本能率協会マネジメントセンター刊）で問題を解く時間のペース配分などを含めた実践的な演習をするとよいでしょう。

I部
過去問題に挑戦しよう

第**44**回
過去問題

第44回 過去問題

⋯ 関係法規・制度及び運営管理 ⋯

問題 1

[R3-44-1]

保健所に関する次の記述のうち、誤っているものはどれか。

(1) 保健所の設置や役割などを定める法律は、地域保健法である。

(2) 保健所の業務には、感染症以外の疾病の予防に関する事項が含まれる。

(3) 保健所の業務には、人口動態統計などの統計に関する事項は含まれない。

(4) 保健所の業務は、基本的に全国共通であるが、具体的な業務内容については、地域の実情や設置主体によって異なることがある。

問題 2

[R3-44-2]

次の美容師法の制定目的に関する規定の[　　]内に入る語句の組合せのうち、正しいものはどれか。

「この法律は、美容師の[A]を定めるとともに、美容の[B]が適正に行われるように規律し、もって[C]の向上に資することを目的とする。」

	A	B	C
(1)	責務 ——	業務 ——	国民生活
(2)	責務 ——	経営 ——	公衆衛生
(3)	資格 ——	経営 ——	国民生活
(4)	資格 ——	業務 ——	公衆衛生

問題 3

[R3-44-3]

美容師の免許に関する次の記述のうち、誤っているものはどれか。

（1）免許を申請するときは、美容師免許申請書に精神の機能の障害に関する医師の診断書を添付しなければならない。

（2）免許を申請した場合に、かつて無免許で美容を業とした者には免許が与えられないことがある。

（3）美容師が氏名を変更したときは、2か月以内に免許証の書換え交付を申請しなければならない。

（4）美容師が免許証を紛失し再交付を受けたのち、紛失した免許証を発見したときは、その免許証を5日以内に返納しなければならない。

問題 4

[R3-44-4]

管理美容師に関する次の記述のうち、正しいものはどれか。

（1）管理美容師の職務には、美容所という施設の衛生管理のみならず、美容所での美容の業務についても衛生的に管理することが含まれる。

（2）同一人が同時に複数の美容所の管理美容師となることができる。

（3）美容所の開設者は、美容師の数に関わりなく従業者が2人以上の場合には、管理美容師を置かなければならない。

（4）管理美容師は、美容師の免許を受けた後3年以上美容の業務に従事し、かつ、厚生労働大臣の指定する講習会の課程を修了した者でなければならない。

問題 5

[R3-44-5]

美容所の開設者の行う届出に関する次の記述のうち、正しいものはどれか。

（1）開設届には、記載したすべての美容師について精神の機能の障害に関する医師の診断書を添付しなければならない。

（2） 美容師が結核や伝染性の皮膚疾患にり患したときは、30日以内に医師の診断書を添付して届け出なければならない。

（3） 施術料金を変更したときは、すみやかに届け出なければならない。

（4） 開設届出事項に変更が生じたときは、すみやかに届け出なければならず、これを怠った場合には、30万円以下の罰金に処されることがある。

問題 6
[R3-44-6]

出張美容に関する次の記述のうち、誤っているものはどれか。

（1） 特別の事情があるとして出張美容が認められる場合については、美容師法の政令と都道府県等の条例で定めている。

（2） 婚礼その他の儀式に参列する者に対してその儀式の直前に美容を行う場合は、出張美容が認められている。

（3） 出張美容を行う美容師に対しても、衛生上必要な措置を講ずることが求められる。

（4） 出張美容が認められない場所で美容の業務を行った美容師に対しては、そのことにより、罰金が科されることがある。

問題 7
[R3-44-7]

美容業の運営や衛生に関連する法律に関する次の記述のうち、誤っているものはどれか。

（1） 医師法により、美容師がレーザー脱毛などの医療行為を業として行うことは禁じられている。

（2） 株式会社日本政策金融公康法に基づき、美容業等の生活衛生関係営業に対する融資制度が設けられている。

（3） 生活衛生関係営業の運営の適正化及び振興に関する法律に基づき、美容業の振興を図るための振興指針が厚生労

働大臣により定められている。

（4）個人情報の保護に関する法律により、顧客データ数の多い事業者に限定して個人情報の取扱いが規制されている。

問題8
[R3-44-8]

税金に関する次の記述のうち、誤っているものはどれか。

（1）所得税や法人税は、利益が出ているときに支払う税金である。

（2）従業員の給与からの源泉所得税は、従業員が税務署に支払うものであり、雇用主が預かることはない。

（3）固定資産税は、経営がうまくいかず赤字の場合でも、支払わなければならない税金である。

（4）申告納税しなければならない者が申告や納税義務を怠った場合には、罰則として追加の税が課されることになっている。

問題9
[R3-44-9]

国民年金制度に関する次の記述のうち、誤っているものはどれか。

（1）20歳以上60歳未満の自営業者や学生は、国民年金に加入する義務がある。

（2）遺族基礎年金は、国民年金の被保険者などが死亡した場合に、一定の要件に該当する遺族に支給される。

（3）国民年金の第1号被保険者（自営業者等）の保険料は、所得が高いほど高額となる。

（4）所得が低いなど、保険料を納めることが困難な場合に保険料の免除や納付猶予となる制度が設けられている。

問題 10
[R3-44-10]

次の給付のうち、雇用保険の給付はどれか。
(1) 育児休業給付
(2) 障害補償給付
(3) 療養補償給付
(4) 遺族補償給付

・・・・・・・・・・・・ 衛生管理 ・・・・・・・・・・
【公衆衛生・環境衛生】

問題 11
[R3-44-11]

喫煙に関する次の記述のうち、誤っているものはどれか。
(1) 妊婦が喫煙した場合、低出生体重児、早産などの危険性が高くなる。
(2) 「2016年全国たばこ喫煙者率調査」によると、わが国の20歳以上の男性の喫煙者率は年々上昇傾向にある。
(3) 受動喫煙で小児ぜんそくの危険性が高くなる。
(4) たばこの煙は発がん物質や発がん促進物質を含んでいる。

問題 12
[R3-44-12]

わが国の人口の高齢化に関する次の記述のうち、正しいものはどれか。
(1) 2015年の総人口に占める65歳以上の人口割合は、15%以下である。
(2) 2015年の総人口に占める65歳以上の人口割合は、欧米諸国よりも低い。
(3) 総人口に占める65歳以上の人口割合は、2015年がピークである。
(4) 人口の高齢化のスピードは、欧米諸国よりも速い。

問題 13

[R3-44-13]

心の健康に関する次の記述のうち、**誤っているもの**はどれか。
(1) 心の健康は身体状況や生活の質に大きく影響する。
(2) うつ病は早期発見、適切な治療が重要である。
(3) 厚生労働省により「健康づくりのための睡眠指針2014」が策定されている。
(4) 自殺による人口10万人あたりの死亡率は、1958年以降現在まで不変である。

問題 14

[R3-44-14]

ダニやカビなどに関する次の記述のうち、**誤っているもの**はどれか。
(1) ハウスダストの中に含まれているダニの死骸やふんが人のアレルギー反応を引き起こすことがある。
(2) カビや害虫による被害は、一般的には夏に多いが、暖房の普及とともに、一年中見られるようになった。
(3) カビが人のアレルギー反応を引き起こすことはない。
(4) 害虫などの駆除に用いる薬剤は、人に有害なこともあるので、使用方法に注意を要する。

問題 15

[R3-44-15]

浮遊粒子状物質に関する次の記述のうち、**誤っているもの**はどれか。
(1) 浮遊粒子状物質とは、大気中に浮遊する粒子状物質であって、その粒径が1ミリメートル以上のものをいう。
(2) 大気中の浮遊粒子状物質に関する環境基準が定められている。
(3) その量とともに、成分や大きさも健康に関係がある。
(4) その成分は、粉じん、アスベスト、病原体などさまざまである。

【感染症】

問題 16
[R3-44-16]

ウイルスに関する次の記述のうち、正しいものはどれか。
（1）増殖は2分裂で行われる。
（2）DNAとRNAの両方の核酸をもっている。
（3）生きた細胞内でのみ増殖する。
（4）変異を起こすことはない。

問題 17
[R3-44-17]

常在細菌叢（さいきんそう）に関する次の記述のうち、誤っているものはどれか。
（1）人体の皮膚や粘膜などには一定の細菌が定着している。
（2）鼻腔に存在するブドウ球菌は感染源となることはない。
（3）ビタミンなど人体に必要な物質を産生する腸内細菌もある。
（4）常在細菌には、病原体が人体へ侵入することを防ぐはたらきもある。

問題 18
[R3-44-18]

予防接種に関する次の記述のうち、誤っているものはどれか。
（1）対象疾病や実施方法は健康増進法によって定められている。
（2）法に基づく予防接種には、定期に行うものと臨時に行うものがある。
（3）対象疾病により接種回数は異なる。
（4）対象疾病により接種対象年齢は異なる。

問題 19
[R3-44-19]

次の感染症のうち、患者や病原体保有者によって汚染されたタオルなどへの接触を原因として感染するものはどれか。
（1）日本脳炎
（2）マラリア

（3）伝染性膿痂疹（トビヒ）

（4）破傷風

問題20

[R3-44-20]

B型肝炎に関する次の記述のうち、正しいものはどれか。

（1）約1週間の潜伏期を経て発病する。

（2）レザーやシザーズによる皮膚の傷からは感染しない。

（3）母子感染予防に新生児へのワクチン投与は有効である。

（4）持続性感染は起こらない。

【衛生管理技術】

問題21

[R3-44-21]

消毒に関する次の記述のうち、正しいものはどれか。

（1）乾熱は、湿熱より短時間で消毒できる。

（2）蒸気は、煮沸より短時間で消毒できる。

（3）消毒薬による消毒は、低温で行った方が有効である。

（4）消毒薬には、消毒しようとする対象によって適した濃度
がある。

問題22

[R3-44-22]

**美容所で行う血液が付着している器具の消毒に関する次の記述
のうち、正しいものの組合せはどれか。**

a 1cm²あたり85マイクロワット以上の紫外線を20分間
以上照射する。

b 消毒用エタノールを含ませたガーゼで表面を拭く。

c 0.1%以上の次亜塩素酸ナトリウム水溶液に10分間以上
浸す。

d 沸騰後2分間以上煮沸する。

（1）aとb

（2）bとc

（3）cとd

(4) aとd

化学的消毒法に関する次の記述のうち、正しいものの組合せは
どれか。
　　a 両性界面活性剤は、結核菌に効果がない。
　　b 逆性石けんは、中性洗剤と併用すると効果が低下する。
　　c グルコン酸クロルヘキシジン（クロルヘキシジングルコ
　　　ン酸塩）は、細菌の芽胞に効果がない。
　　d 消毒用エタノールは、逆性石けんと併用すると効果が低
　　　下する。
(1) aとb
(2) bとc
(3) cとd
(4) aとd

次亜塩素酸ナトリウムに関する次の記述のうち、誤っているも
のはどれか。
(1) 石けんと反応するので、併用できない。
(2) 有機物の汚れがあると、効力が低下する。
(3) 酸性の洗剤と混ぜると、有毒な塩素ガスを発生する。
(4) 日光にさらすと分解するので、冷暗所に保存する。

10%逆性石けん液から0.1%逆性石けん水溶液を調製する方
法に関する次の記述のうち、正しいものはどれか。
(1) 10%逆性石けん液1mLに、水499mLを加える。
(2) 10%逆性石けん液1mLに、水99mLを加える。
(3) 10%逆性石けん液1mLに、水49mLを加える。
(4) 10%逆性石けん液1mLに、水9mLを加える。

·········· 保健 ··········
【人体の構造及び機能】

問題 26
[R3-44-26]

次のうち、正中線上に<u>ないもの</u>はどれか。
- （1）鼻背
- （2）鼻翼
- （3）鼻根
- （4）鼻尖

問題 27
[R3-44-27]

次のうち、頸部の筋はどれか。
- （1）咬^{こう}筋
- （2）胸鎖乳突筋
- （3）三角筋
- （4）広背筋

問題 28
[R3-44-28]

次のうち、脳に含まれるものはどれか。
- （1）延髄
- （2）胸髄
- （3）頸髄
- （4）仙髄

問題 29
[R3-44-29]

次のうち、内耳に<u>含まれないもの</u>はどれか。
- （1）蝸牛^{か ぎゅう}
- （2）鼓膜
- （3）前庭
- （4）半規管

次のうち、血小板の機能はどれか。

（1）酸素の運搬
（2）造血作用
（3）血液凝固
（4）食作用

【皮膚科学】

皮膚の構造に関する次の記述のうち、<u>誤っているもの</u>はどれか。

（1）皮腐は、表面より表皮、真皮、皮下組織の３層からなる。
（2）表皮最下層の基底細胞が表層に移動し、角質細胞になる。
（3）角化細胞（ケラチノサイト）は、メラニンをつくる細胞であり、表皮の細胞の約95％を占める。
（4）表皮内には、ランゲルハンス細胞という抗原物質（アレルゲン）を取り込み、リンパ球に抗原情報を提示する細胞がある。

皮膚付属器官の構造に関する次の記述のうち、<u>誤っているもの</u>はどれか。

（1）毛母の部分には、色素細胞が多数存在する。
（2）毛は、成長期、退行期、休止期を繰り返す。
（3）爪は、表皮の角質層が変形したもので、その成分はケラチンである。
（4）脂腺は、体の部位に関係なく同じ密度で分布している。

問題33 [R3-44-33]

皮膚と皮膚付属器官の生理機能に関する次の記述のうち、正しいものはどれか。

(1) 紫外線の照射によって、エラスチンが大量につくられ、皮膚の色が黒くなる。

(2) 膠原繊維は、機械的外力に対する保護のはたらきをしている。

(3) 痛みを感じる点を痛点といい、冷たさを感じる点を温点という。

(4) 人間の皮膚で体温の調節作用を積極的に行っているのは脂腺と汗腺である。

問題34 [R3-44-34]

皮膚と皮膚付属器官の保健に関する次の記述のうち、誤っているものはどれか。

(1) 思春期になると、女性ホルモンの影響で脂腺が発育して皮脂の分泌が多くなる。

(2) 糖尿病で体の免疫が低下し、皮膚の抵抗力が弱くなると化膿菌や真菌による感染が起こりやすくなる。

(3) 糖尿病では神経障害により知覚鈍麻になることがある。

(4) 肝臓に障害が起きて血中に胆汁色素が増加して皮膚に沈着すると黄疸になる。

問題35 [R3-44-35]

皮膚疾患に関する次の記述のうち、正しいものはどれか。

(1) 頭部白癬（シラクモ）は、白癬菌による感染症でペットから感染することがある。

(2) 疥癬（ヒゼン）は、虱という昆虫の寄生によって起こる。

(3) 伝染性膿痂疹（トビヒ）は、毛包が角質の栓で詰まったものであり、毛包内に皮脂が貯留し、細菌に感染することによって起こる。

(4) 尋常性痤瘡（ニキビ）は、膿がほかの部分の皮膚に付い

て感染が広がる。

香粧品化学

問題36
[R3-44-36]

香粧品原料とその分類に関する次の組合せのうち、正しいもの
はどれか。
(1) メチルポリシロキサン —— シリコーン油
(2) ワセリン ———————— 植物性ロウ
(3) ホホバ油 ——————— 鉱物油
(4) セタノール ——————— 高級脂肪酸

問題37
[R3-44-37]

界面活性剤の乳化作用に関する次の記述のうち、<u>誤っているも
の</u>はどれか。
(1) 水相と油相とが乳化状態にあるものをエマルジョンとい
う。
(2) 油相に水滴が分散している乳化型（タイプ）をO／W型と
いう。
(3) 界面活性剤は分子内に親油基（疎水基）と親水基を持ち、
乳化作用を示す。
(4) 界面活性剤がミセルを形成する濃度以上になると、乳化
作用が発揮される。

問題38
[R3-44-38]

香粧品に用いられる成分とその配合目的に関する次の組合せの
うち、<u>誤っているもの</u>はどれか。
(1) パラオキシ安息香酸エステル（パラベン）—— 防腐剤
(2) パラフィン ———— 金属イオン封鎖利（キレート剤）

（3）パラアミノ安息香酸エステル ──────── 紫外線吸収剤
（4）ジブチルヒドロキシトルエン（BHT）── 酸化防止剤

問題 39

[R3-44-39]

パーマ剤第１剤に使用されるアルカリ剤に関する次の文章の　　内に入る語句の組合せのうち、正しいものはどれか。

「アルカリ剤は毛髪を膨潤させる作用を持つが、pH が高いほど膨潤度は　A　なる。アンモニア水とモノエタノールアミンが pH を大きく上昇させるのに必要な配合量は、ともに　B　が、アンモニア水は　C　性が高く、モノエタノールアミンは　C　性がない。このため、第１剤の作用時間中に、アンモニア水は　C　によりアルカリ剤としての作用が徐々に弱まるが、モノエタノールアミンは持続する。」

　　　　　　A　　　　　B　　　　　C
（1）大きく ── 少ない ── 揮発
（2）大きく ── 多い ─── 凝集
（3）小さく ── 少ない ── 凝集
（4）小さく ── 多い ─── 揮発

問題 40

[R3-44-40]

ヘアカラーに関する次の記述のうち、誤っているものはどれか。

（1）一時染毛料は、タール色素（法定色素）等を毛髪の表面に付着させて着色する。
（2）脱色剤は、毛髪に含まれるメラニンを酸化して分解する。
（3）酸化染毛剤は、１回のシャンプーで色落ちする。
（4）染料中間体をカップラーとともに用いると、さまざまな色調に染毛できる。

···· 文化論及び美容技術理論 ····

問題 41

[R3-44-41]

大正時代の女性の髪型に関する次の組合せのうち、<u>誤っている</u>ものはどれか。
(1) 女優髷 —— 新劇女優
(2) 日本髪 —— 二百三高地髷
(3) 耳隠し —— マーセルウェーブ
(4) 断髪 ——— モダンガール

問題 42

[R3-44-42]

1950 ～ 1980年代の服装に関する次の記述のうち、<u>誤っているものはどれか。</u>
(1) 1958年にソフィア・ローレンが来日して、立体裁断を伝えた。
(2) 1959年ごろ、ロンドンでメアリー・クワントがミニスカートを商品化した。
(3) 1964年に東京・銀座で「西銀座族」、「みゆき族」とよばれる若者達が話題となった。
(4) 1981年からパリコレクションに進出した山本耀司、川久保玲のデザインが「黒の衝撃」として注目された。

問題 43

[R3-44-43]

男性の洋装礼装に関する次の記述のうち、<u>誤っているものは</u>どれか。
(1) 昼間の正式礼装として、モーニングコートが着用される。
(2) 昼間の略式礼装として、メスジャケットが着用される。
(3) 夜の正式礼装として、燕尾服が着用される。
(4) 夜の略式礼装として、タキシードが着用される。

問題 44

[R3-44-44]

シザーズに関する次の記述のうち、誤っているものはどれか。

（1）力学的には、てこの原理を応用している。

（2）薬指孔のある方の刃が静刃である。

（3）2枚の刃による剪断応力を利用している。

（4）動刃と静刃の間にあきのないものがよい。

問題 45

[R3-44-45]

リンスやトリートメントに関する次の記述のうち、誤っているものはどれか。

（1）リンス剤を用いずに、水やぬるま湯ですすぐことを、プレーンリンシングとよぶ。

（2）石けんを主剤としたシャンプー剤の使用後には、アルカリ性のリンス剤が適している。

（3）ヘアトリートメントの目的は、傷んだ毛髪を人工的に補強し、正常な状態に近づけること、また、それ以上傷まないように毛髪を保護することである。

（4）パーマネントウェーブやヘアブリーチ、ヘアカラー施術後は、酸性効果のあるリンス剤を用いる。

下図のソバージュヘアに関する次の文章の＿＿＿内に入る語句の組合せのうち、正しいものはどれか。

「ロングのソバージュヘアは、　A　ウェーブを付けた髪が　B　に広がり、　C　印象となる。」

	A		B		C
（1）	大きい	——	直線的	——	弱い
（2）	大きい	——	曲線的	——	強い
（3）	細かい	——	曲線的	——	弱い
（4）	細かい	——	直線的	——	強い

次のヘアスタイルのうち、アップステムでパネルをシェープしてカットしたものはどれか。
（1）ワンレングススタイル
（2）グラデーションスタイル
（3）レイヤースタイル
（4）セイムレングススタイル

問題 48

[R3-44-48]

レザーカット技法に関する次の記述のうち、**誤っているもの**は
どれか。

(1) エンドテーパーカットは、生え際やパート際、毛量が少
　　ない場合に用いられる。

(2) ノーマルテーパーカットは、毛先 $\frac{1}{3}$ ほどをテーパーする
　　技法である。

(3) ディープテーパーカットは、根元近くからテーパーする
　　技法である。

(4) ポインティングカットは、パネルの内側の面をテーパー
　　する技法である。

問題 49

[R3-44-49]

下図は、ワインディングのロッドにかかるさまざまな力を表し
たものである。この図の中で、「髪につやと美しいウェーブを
持たせるために毛束を引く力」を表しているものはどれか。

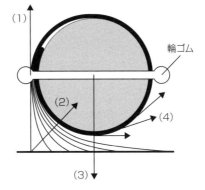

次のワインディングのスタイルのうち、サイドのスライスを縦に取り、後方に強い方向性をつける巻き方をしたものはどれか。

（1）ダウンスタイル

（2）ツイストスタイル

（3）フォワードスタイル

（4）リーゼントスタイル

下図は、ヘアウェーブを表したものである。A、B、C、D に該当する名称の組合せのうち、正しいものはどれか。

```
          A           B           C               D
（1）トロー ── リッジ ── クローズドエンド ── オープンエンド
（2）リッジ ── トロー ── クローズドエンド ── オープンエンド
（3）トロー ── リッジ ── オープンエンド ──── クローズドエンド
（4）リッジ ── トロー ── オープンエンド ──── クローズドエンド
```

染毛剤のパッチテストに関する次の記述のうち、正しいものはどれか。

（1）染毛剤による抗体はすぐにできるので、テストは1回限りでよい。

（2）テスト液は、第1剤と第2剤を指定された割合で混ぜ合わせてつくる。

（3）テスト液を綿棒にとり、腕の外側に米粒大に塗って自然
乾燥させる。

（4）テスト部位の観察は、塗布後すぐと24時間後の2回行う。

問題 53

[R3-44-53]

ネイル技術の爪のカット形状に関する次の記述のうち、誤っているものはどれか。

（1）スクエアとは、サイドとトップがストレートで、フリーエッジの角が直角な四角形をいう。

（2）オーバルとは、サイドとトップに丸みをもたせた卵形をいう。

（3）スクエアオフとは、スクエアの角を取った形をいう。

（4）ラウンドとは、先にいくにつれて細くなったアーモンド形をいう。

問題 54

[R3-44-54]

まつ毛エクステンションによる接触皮膚炎に関する次の記述のうち、誤っているものはどれか。

（1）初回の施術では発症することはない。

（2）過去に発症しなかった物質でもかぶれることがある。

（3）刺激性の場合は、片側性のことはない。

（4）アレルギー性の場合は、接触した部位を超えて症状があらわれることがある。

下図は、着物各部を表したものである。A、B、C、D に該当する名称の組合せのうち、正しいものはどれか。

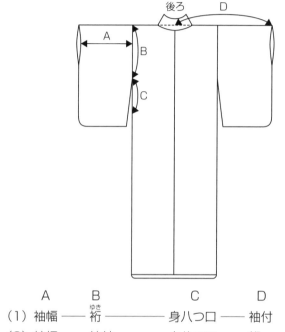

```
        A        B              C          D
（1）袖幅 ── 裄（ゆき）──────── 身八つ口 ── 袖付
（2）袖幅 ── 袖付 ──────── 身八つ口 ── 裄
（3）裄 ── 身八つ口 ──── 袖付 ──────── 袖幅
（4）裄 ── 袖幅 ──────── 袖付 ──────── 身八つ口
```

Ⅰ部
過去問題に挑戦しよう

第45回
過去問題

第45回 過去問題

··· 関係法規・制度及び運営管理 ···

問題 1
[R4-45-1]

次のうち、都道府県知事、保健所設置市の市長又は特別区の区長が行う事務に含まれないものはどれか。

(1) 美容所の開設届の受理
(2) 美容所の構造設備の検査確認
(3) 美容所について講じなければならない衛生措置の実施状況の立入検査
(4) 美容師免許証の交付

問題 2
[R4-45-2]

美容師の免許及び業務に関する次の記述のうち、誤っているものはどれか。

(1) 美容師試験に合格しても、美容師名簿に登録されなければ美容師の免許は与えられない。
(2) 美容師が美容の業を行う場合の衛生上必要な措置については、美容所が所在する都道府県等の条例にも従う必要がある。
(3) 外国の美容師の資格を持っている者は、日本の美容師の免許がなくても日本国内で美容を業とすることができる。
(4) 染毛は、理容師か美容師でなければ業として行うことはできない。

問題 3

[R4-45-3]

美容師の免許に関する次の記述のうち、正しいものはどれか。

(1) 美容師試験に合格しても、かつて無免許で美容の業を行った者には美容師の免許が与えられないことがある。

(2) 免許の申請にあたっては、添付書類として結核及び伝染性皮膚疾患の有無に関する医師の診断書が必要である。

(3) 免許を受けた者は、10年ごとに更新の手続きを行わなければならない。

(4) 免許証を紛失した場合には、住所地の都道府県知事に免許証の再交付を申請しなければならない。

問題 4

[R4-45-4]

次のうち、美容師の業務停止処分の対象として誤っているものはどれか。

(1) 美容師法の政令又は都道府県等の条例で定める特段の事情がないにもかかわらず、美容所以外の場所で美容の業をした場合

(2) 免許証を破り、汚し、又は紛失した場合

(3) 美容師法等で定める衛生上必要な措置を講じなかった場合

(4) 伝染性の疾病にかかり、その就業が公衆衛生上不適当と認められる場合

問題 5

[R4-45-5]

美容所に関する次の文章の　　　　　内に入る語句の組合せのうち、正しいものはどれか。

「美容所の開設にあたっては、事前に　A　が必要とされ、美容所の　B　について検査確認を受けた後でなければ使用してはならず、これに反した場合には、　C　となることがある。」

　　　　　A　　　　　　B　　　　　　C

(1) 許可 —— 器具機材 —— 罰金刑

（2）許可 —— 構造設備 —— 閉鎖処分

　（3）届出 —— 器具機材 —— 閉鎖処分

　（4）届出 —— 構造設備 —— 罰金刑

次のうち、美容所の開設者が美容師法に基づく変更の届出を行う必要がないものはどれか。

（1）管理美容師が変更となった場合

（2）美容師が退職した場合

（3）美容師を新たに雇用した場合

（4）美容所の営業日が変更となった場合

生活衛生関係営業の運営の適正化及び振興に関する法律に関する次の記述のうち、正しいものはどれか。

（1）美容業については、１つの都道府県に複数の生活衛生同業組合を設立することができる。

（2）生活衛生同業組合は、施術料金を統一するための標準営業約款を定めることができる。

（3）生活衛生同業組合は、組合員に対する設備改善の資金のあっせんを行うことができる。

（4）生活衛生同業組合は、営利を目的として設立された組織である。

労働安全衛生法に関する次の記述のうち、誤っているものはどれか。

（1）小規模な事業者には、労働者に対する医師による健康診断の実施は義務付けられていない。

（2）事業者には、特定の伝染性の疾病にかかった者の就業を禁止することが義務付けられている。

（3）事業者には、労働者の健康に配慮して、労働者の従事す

る作業を適切に管理する努力が求められている。

(4) 事業者には、労働者に対する健康教育、健康相談など健康の保持増進のための措置を実施する努力が求められている。

問題9

[R3-45-9]

国民年金制度に関する次の記述のうち、誤っているものはどれか。

(1) 老齢基礎年金の給付額は、保険料を納付した期間によって異なる。

(2) 障害基礎年金の給付額は、障害の程度にかかわらず、すべて同額である。

(3) 国民年金の保険料に上乗せした付加保険料を納付することで、付加年金が支給される制度が設けられている。

(4) 所得が低いなど、保険料を納めることが困難な場合に保険料の免除や納付猶予となる制度が設けられている。

問題10

[R3-45-10]

医療保険に関する次の記述のうち、誤っているものはどれか。

(1) 健康保険における保険者（運営主体）は、全国健康保険協会と健康保険組合である。

(2) 75歳未満の美容所の従業者で健康保険などの被用者保険に加入していない者は、国民健康保険の対象となる。

(3) 医療保険の療養の給付における一部負担金は、年齢にかかわらず、すべてかかった医療費の3割である。

(4) 健康保険の出産育児一時金は、被保険者や一定要件に該当する扶養家族が出産したときに支給される。

衛生管理

【公衆衛生・環境衛生】

問題 11

[R3-45-11]

出生と死亡に関する次の統計指標のうち、2015年の数値が1980年より増加しているものはどれか。

（1）出生率
（2）合計特殊出生率
（3）乳児死亡率
（4）粗死亡率

問題 12

[R3-45-12]

わが国の平均寿命と死亡率に関する次の記述のうち、正しいものはどれか。

（1）平均寿命が男女とも50歳を超えたのは、1935年である。
（2）平均寿命は、2015年には男性87.05歳、女性80.79歳となった。
（3）1981年以降は、主要死因別死亡率の第1位は、がんである。
（4）近年、がんの部位別年齢調整死亡率の第1位は、男女ともに肺がんである。

問題 13

[R3-45-13]

喫煙や飲酒に関する次の記述のうち、誤っているものはどれか。

（1）喫煙者では、肺がん、膀胱がんなどのほか、心疾患の危険性も増す。
（2）わが国の女性の喫煙者率は、他の先進諸国に比べて高率である。
（3）わが国のアルコール消費量は、増加傾向を示していたが、平成に入るとやがて減少傾向に転じた。

(4) 飲酒に起因する問題には、アルコール依存症、肝疾患などの健康問題や労働災害、犯罪などの社会問題が含まれる。

問題 14 [R3-45-14]

次の文章の▢▢▢▢内に入る数値の組合せのうち、正しいものはどれか。

「理容所及び美容所における衛生管理要領では、美容所の温度は▢ A ▢℃が望ましいとされ、湿度は相対湿度▢ B ▢%が望ましいとされている。」

　　　　　　　A　　　　　　　B
(1) 10 ～ 15 ―― 10 ～ 30
(2) 10 ～ 15 ―― 40 ～ 70
(3) 17 ～ 28 ―― 10 ～ 30
(4) 17 ～ 28 ―― 40 ～ 70

問題 15 [R3-45-15]

アタマジラミに関する次の記述のうち、誤っているものはどれか。

(1) 幼虫は吸血しない。
(2) 毛髪に卵を産む。
(3) タオルや帽子を介して感染することがある。
(4) 主として保育園児や幼稚園児、低学年児童に発生する。

【感染症】

問題 16 [R3-45-16]

感染症と感染経路に関する次の記述のうち、誤っているものはどれか。

(1) 百日せきは、蚊を介して感染する。
(2) 結核は、飛沫核（ひ まつかく）を介して感染する。
(3) B型肝炎は、血液を介して感染する。

（4）コレラは、食物や水を介して感染する。

微生物に関する次の記述のうち、正しいものの組合せはどれか。

a 細菌のなかには、酸素があると発育できないものがある。
b ウイルスは、タンパク質の殻の中に DNA と RNA の両方の核酸をもっている。
c 芽胞をもつ細菌は、熱や乾燥に対する抵抗力がない。
d ウイルスは、しばしば変異を起こす。

（1）a と b
（2）b と c
（3）c と d
（4）a と d

感染と発病に関する次の記述のうち、誤っているものはどれか。

（1）感染とは、病原体が人体の組織に侵入して増殖することである。
（2）病原体が人体に付着すると必ず感染する。
（3）発病とは、感染した人体の組織や臓器に病的な変化が起きることである。
（4）感染しても発病しないこともある。

予防接種法に基づく予防接種に関する次の記述のうち、誤っているものはどれか。

（1）感染症に対する免疫をつけたり、免疫を強くしたりするためにワクチンを接種することをいう。
（2）自らが感染症にかかりにくくなるだけではなく、社会全体で流行を防ぐ効果もある。

(3) 対象疾病が異なっても、接種対象年齢及び接種回数は同じである。

(4) 定期に行うものと臨時に行うものがある。

問題20
[R3-45-20]

麻しんに関する次の記述のうち、誤っているものはどれか。

(1) 別名、はしかともいう。

(2) 潜伏期は2～3日である。

(3) 病原体はウイルスである。

(4) 発疹をともなう感染症である。

【衛生管理技術】

問題21
[R3-45-21]

美容所における衛生管理に関する次の文章の　　　　　**内に入る語句の組合せのうち、正しいものはどれか。**

「微生物を殺すことの総称は　A　である。生きている微生物が存在しない状態にすることを　B　という。微生物の中でも病原微生物を死滅させるか、発育や増殖を止めて感染力をなくすことを　C　という。美容所で求められるのは　C　である。」

	A	B	C
(1)	滅菌	消毒	殺菌
(2)	殺菌	消毒	滅菌
(3)	滅菌	殺菌	消毒
(4)	殺菌	滅菌	消毒

問題22
[R3-45-22]

紫外線消毒に関する次の記述のうち、誤っているものはどれか。

(1) 紫外線消毒器に入れる器具は、互いに重なり合わないように配置する。

（2）紫外線は、目や皮膚に直接照射しても害はない。

（3）血液が付着した器具の消毒には適していない。

（4）紫外線灯は、使用にともない出力が低下するので、定期的な交換が必要である。

問題23　[R3-45-23]

消毒薬に関する次の記述のうち、誤っているものはどれか。

（1）次亜塩素酸ナトリウムは、有機物の汚れがあると効力が低下する。

（2）逆性石けんは、結核菌に対して効力がある。

（3）両性界面活性剤は、普通の石けんと併用すると効力が低下する。

（4）消毒用エタノールは、細菌の芽胞には効力がない。

問題24　[R3-45-24]

次のうち、5％次亜塩素酸ナトリウム2mL を希釈して、次亜塩素酸ナトリウム水溶液1,000mL を調製した場合の濃度はどれか。

（1）0.01％

（2）0.05％

（3）0.1％

（4）2.5％

問題25　[R3-45-25]

美容所における器具・布片の取扱いに関する次の記述のうち、正しいものの組合せはどれか。

a 血液の付着していないかみそりの消毒は、エタノール水溶液を含ませた綿で表面を拭く。

b ヘアドライヤーは、皮膚に接する器具にあたる。

c 皮膚に接する器具は、十分に洗浄してから消毒する。

d タオルの消毒は、80℃を超える蒸気に10分間以上触れさせる。

(1)　aとb
(2)　bとc
(3)　cとd
(4)　aとd

保健

【人体の構造及び機能】

問題 26

[R3-45-26]

次のうち、正中線上にあるものはどれか。
(1)　鼻唇溝
(2)　人中
(3)　鼻翼
(4)　口角

問題 27

[R3-45-27]

次の神経のうち、心臓の収縮力を増強するときに直接はたらく
ものはどれか。
(1)　運動神経
(2)　知覚神経
(3)　交感神経
(4)　副交感神経

問題 28

[R3-45-28]

次のうち、内耳にある平衡器官に該当しないものはどれか。
(1)　鼓膜
(2)　半規管
(3)　卵形囊
(4)　球形囊

問題29
[R3-45-29]

次のうち、ヘモグロビンが含まれるものはどれか。
（1）血小板
（2）リンパ球
（3）単球
（4）赤血球

問題30
[R3-45-30]

次のうち、呼吸運動を引き起こす筋に該当しないものはどれか。
（1）内肋間筋
（2）外肋間筋
（3）咬筋
（4）横隔膜

【皮膚科学】

問題31
[R3-45-31]

皮膚の構造に関する次の記述のうち、正しいものはどれか。
（1）皮膚は、表面より真皮、表皮、皮下組織の3つの層からできている。
（2）角化細胞（ケラチノサイト）は、真皮の細胞の95％を占める。
（3）基底細胞は、分裂して皮膚表面に移動し、最終的に角質細胞に変化する。
（4）色素細胞（メラノサイト）は、リンパ球に抗原情報を提示する細胞である。

問題32
[R3-45-32]

皮膚付属器官に関する次の記述のうち、誤っているものはどれか。
（1）眉毛や鼻毛、耳毛は、高齢になるとその成長期が長くなる。

（2）健康な成人では、頭毛の85 ～ 90%が休止期である。

（3）上肢の毛の成長期は、6か月以下である。

（4）毛の成長速度は、月経の周期に影響されない。

問題 33

[R3-45-33]

皮膚の生理機能に関する次の記述のうち、誤っているものはどれか。

（1）紫外線によって、エラスチンが大量につくられ、皮膚の色が黒くなる。

（2）皮膚には、痛点、触点、温点、冷点が分布している。

（3）皮膚表面の脂肪膜は、弱酸性で細菌などの発育を抑制する。

（4）皮脂は、皮膚表面に出て、皮膚や毛から水分が蒸発するのを防いでいる。

問題 34

[R3-45-34]

皮膚の保健に関する次の記述のうち、誤っているものはどれか。

（1）皮膚の老化は、個人の素因によるもので、環境の影響は受けない。

（2）抗しわ療法に、ボツリヌス毒素を用いることがある。

（3）肝臓障害により、血中に胆汁色素が増加して皮膚に沈着すると、皮膚が黄色くなる。

（4）糖尿病で体の免疫力が低下し、皮膚の抵抗力が弱くなると、細菌や真菌による感染が起こりやすくなる。

問題 35

[R3-45-35]

皮膚の疾患に関する次の記述のうち、誤っているものはどれか。

（1）接触皮膚炎（カブレ）は、様々な種類の化学物質や薬物などが皮膚に接触して起きる皮膚の炎症である。

（2）アレルギー性接触皮膚炎の原因物質の特定には、パッチ

テストが有効である。

(3) 進行性指掌角皮症は、指から手掌にかけての皮膚が乾燥し、角質層が厚くなって亀裂を生じ、進行すると指紋がなくなることもある疾患である。

(4) 尋常性痤瘡（ニキビ）は、脂腺の多い箇所の毛胞にウイルスが増殖して起きる疾患である。

・・・・・・・・・・ 香粧品化学 ・・・・・・・・・・

問題 **36**
[R3-45-36]

香粧品に配合される油性原料に関する次の記述のうち、<u>誤っているもの</u>はどれか。

(1) 高級アルコールは、炭素数の多いアルコールである。

(2) 炭化水素は、クリームや口紅などに配合される。

(3) 炭化水素は、石油から得られるもので、動植物からは得られない。

(4) ロウ類は、高級アルコールと高級脂肪酸とのエステルである。

問題 **37**
[R3-45-37]

界面活性剤に関する次の文章の 　　　内に入る語句の組合せのうち、正しいものはどれか。

「界面活性剤の作用の一つに洗浄作用がある。この作用を示すものに石けんがあるが、これは、 A 界面活性剤である。また、油性原料を溶解した油相と水溶性原料を溶解した水相とを混合し、乳濁液（エマルジョン）を形成させる作用を B といい、非イオン（ノニオン）界面活性剤がよく用いられる。その他、ヘアリンス剤に用いられ、毛髪に対して帯電

防止効果がある界面活性剤として、塩化アルキルトリメチルアンモニウムなどの　　C　　アンモニウム塩が挙げられる。」

	A	B	C
（1）	陽イオン（カチオン）	可溶化	第四級
（2）	陽イオン（カチオン）	乳化	第一級
（3）	陰イオン（アニオン）	可溶化	第一級
（4）	陰イオン（アニオン）	乳化	第四級

問題 38
[R3-45-38]

香粧品に用いられる成分とその配合目的に関する次の記述のうち、正しいものはどれか。
（1）パラオキシ安息香酸エステル（パラベン）は、防腐剤である。
（2）エチレンジアミン四酢酸（エデト酸、EDTA）は、紫外線吸収剤である。
（3）グリセリンは、酸化防止剤である。
（4）アルキル硫酸ナトリウムは、還元剤である。

問題 39
[R3-45-39]

次のうち、パーマ剤第１剤に配合される成分に該当しないものはどれか。
（1）システイン
（2）臭素酸ナトリウム
（3）モノエタノールアミン
（4）チオグリコール酸

問題 40
[R3-45-40]

サンケア製品に関する次の記述のうち、誤っているものはどれか。
（1）サンタン製品は、UV-A を透過させる。
（2）SPF 値は、UV-B を防御する程度を示す値である。
（3）酸化チタンは、紫外線を散乱させる。

（4）サンスクリーン製品は、UV-B のみを防御する。

····· 文化論及び美容技術理論 ·····

問題 **41**

[R3-45-41]

大正時代の服装に関する次の記述のうち、誤っているものはどれか。
（1）都会の男性会社員の間で背広上下が普及した。
（2）女性の車掌（バスガール）が登場し、洋装の制服が採用された。
（3）女学生の制服として、セーラー服とスカートが考案された。
（4）軍服をモデルに国民服がつくられた。

問題 **42**

[R3-45-42]

昭和時代に流行した髪型に関する次の記述のうち、誤っているものはどれか。
（1）ウルフカットは、襟足を長めにして段々に削いでいくため段カットともよばれた。
（2）セシールカットは、映画「ローマの休日」のヒロインの髪型である。
（3）ソバージュは、髪全体に細かくパーマをかけてウェーブをつけた髪型である。
（4）聖子ちゃんカットは、前髪は目に掛かるか掛からないほどにし、サイドは後ろへ流す髪型である。

問題43 [R3-45-43]

下図のうち、和装の礼装や準礼装に該当しないものはどれか。

※設問の図（写真）は、著作権法により削除しています。

(1) 小紋
(2) 訪問着
(3) 留袖
(4) 振袖

問題44 [R3-45-44]

次のうち、モーターと発熱器の両方を内蔵する美容用具はどれか。

(1) クリッパー
(2) ワッフルアイロン
(3) ヘアドライヤー
(4) ホットカーラー

問題45 [R3-45-45]

ヘアカッティング用のレザーに関する次の記述のうち、誤っているものはどれか。

(1) 本レザーの刃線の形態は、内曲線状である。
(2) 替刃のレザーの刃は、直線状である。
(3) カバーのついた替刃のレザーは、本レザーと比較すると横滑りしないので安全性が高い。
(4) 背と切れ刃が平行であり、ねじれがないものがよい。

問題46 [R3-45-46]

シャンプーイングに関する次の記述のうち、正しいものはどれか。

(1) お湯の温度は、45～48℃が適温である。
(2) 毛髪を強くこすり合わせてシャンプーすると、キューティクルを傷める。
(3) パーマネントウェーブやヘアカラー施術前にシャンプーを行う場合は、頭皮を強くこすり、汚れを落とす。

（4）毛髪の汚れがひどい場合は、一度に多量のシャンプー剤を使用するとよい。

問題 47

[R3-45-47]

幾何学的錯視に関する次の文章に該当する錯視として、正しいものはどれか。
「ヘアスタイルのボリュームが小さい場合と比較すると、ボリュームの大きいヘアスタイルに囲まれた顔は小さく感じる。」
（1）分割距離錯視
（2）枠組み効果
（3）ポンゾ錯視
（4）大きさの対比現象

問題 48

[R3-45-48]

ヘアカッティングに関する次の記述のうち、正しいものはどれか。
（1）ワンレングスカットは、頭皮に対してパネルを直角に引き出し、全体をほぼ同じ長さに切るカット技法である。
（2）グラデーションカットは、パネルをダウンステムでシェープした場合、最も長い毛髪の部分がボリュームの頂点となる。
（3）レイヤーカットは、頭部の形がそのままヘアスタイルのシルエットとなる。
（4）セイムレングスカットは、毛髪が自然に落ちる位置にパネルをシェープし、毛髪を同一線上で切るカット技法である。

問題 49

[R3-45-49]

セニングカットに関する次の記述のうち、誤っているものはどれか。
（1）セニングカットとは、毛髪上でシザーズを開閉しながらすべらすことで毛量調整する技法である。

(2) デザインの構成上表面にあたる部分や分け目の部分は、セニングしすぎないようにする。

(3) レイヤー状に毛量調整すると、フラット感を与えながら量感を減らすことができる。

(4) グラデーション状に毛量調整すると、丸みを出しながら量感を減らすことができる。

問題 50

[R3-45-50]

パーマネントウェービングに関する次の記述のうち、正しいものはどれか。

(1) フルウェーブを形成するのに必要な毛髪の長さは、使用するロッドの3回転分である。

(2) ウェーブの大小は、第1剤塗布後の放置タイムによって決まる。

(3) 毛先は根元に比べ、パーマがかかりにくい。

(4) かかりにくい部分には、トリートメント巻きを用いるとよい。

問題 51

[R3-45-51]

カールステムに関する次の記述のうち、誤っているものはどれか。

(1) ステムの方向と角度を一つに結び付けるところをピボットポイントという。

(2) カールステムは、ベースからピボットポイントまでの部分をいう。

(3) ステムの角度が0度に近いとフラットカールになる。

(4) ステムの方向は、仕上がり時のボリュームに関係する。

問題52 [R3-45-52]

ピンカールに関する次の組合せのうち、正しいものはどれか。
（1）スカルプチュアカール —— 根元巻き方式
（2）リフトカール ———————— ストランドカール
（3）メイポールカール ———— シェーピングカール
（4）クロッキノールカール —— 中巻き方式

問題53 [R3-45-53]

ヘアカラーの色選びに関する次の文章の　　　内に入る語句の組合せのうち、正しいものはどれか。
「　A　どうしを混ぜると互いの色みを消し合うので、黄色く退色した毛髪の色を消してナチュラルな毛髪の色に仕上げたいときは　B　の色素をもつヘアカラーで染め、赤みのある毛髪の色を消してナチュラルな毛髪の色に仕上げたいときは　C　の色素をもつヘアカラーで染めるのがよい。」

　　　　　　　　　A　　　　　　　　B　　　　C
（1）プライマリーカラー —— 赤色 —— 青色
（2）補色 ———————————— 緑系 —— オレンジ系
（3）プライマリーカラー —— 青色 —— 黄色
（4）補色 ———————————— 紫系 —— 緑系

問題54 [R3-45-54]

アイブロウメイクアップに関する次の記述のうち、正しいものはどれか。
（1）眉毛は、眉頭に近い部分を短く、眉尻に近くなるにしたがって長くカットするとよい。
（2）眉尻から眉頭までを一気に描くのが基本である。
（3）眉山の位置は、黒目の外側と目尻の延長線の間とするのが基本的なプロポーションである。
（4）アイブロウペンシルで眉毛を1本1本描くことをシェーディングという。

[R3-45-55]

問題 **55**

まつ毛エクステンションに関する次の記述のうち、正しいものはどれか。

(1) まつ毛の毛周期は、1〜2年である。

(2) エクステンションの装着は、まつ毛の成長期初期が最適である。

(3) エクステンションは、地肌から1〜2mmほど離してまつ毛に接着する。

(4) リペアは、通常6〜7週間で行う。

I 部
過去問題に挑戦しよう

第46回
過去問題

第46回 過去問題

⋯ 関係法規・制度及び運営管理 ⋯

問題 1
[R4-46-1]

美容師法に関する次の記述のうち、誤っているものはどれか。

（1）公衆衛生の向上に資することで国民全体の利益を図っている。

（2）美容の業務が適正に行われるように規律している。

（3）美容業の経営の健全化を促進することにより、美容業の振興を図っている。

（4）美容師の資格を定め、美容師の免許を受けた者でなければ美容を業としてはならないとしている。

問題 2
[R4-46-2]

美容師の免許に関する次の記述のうち、正しいものはどれか。

（1）美容師が住所を変更したときは、速やかに美容師名簿の訂正を申請しなければならない。

（2）美容師が氏名を変更したときは、30日以内に美容師名簿の訂正を申請しなければならない。

（3）美容師が免許取消処分を受けたときは、速やかに住所地の都道府県知事に免許証（免許証明書）を返納しなければならない。

（4）美容師が業務停止処分を受けたときは、速やかに厚生労働大臣に免許証（免許証明書）を返納しなければならない。

問題3

[R4-46-3]

次のうち、美容師の免許取消処分の対象となるものはどれか。

（1）伝染性の疾病にかかり、その就業が公衆衛生上不適当と認められる場合

（2）美容師法等で定める衛生上必要な措置を講じなかった場合

（3）法の規定による業務の停止処分に違反して、美容の業をした場合

（4）美容師法の政令又は都道府県等の条例で定める特別の事情がないにもかかわらず、美容所以外の場所で美容の業をした場合

問題4

[R4-46-4]

管理美容師に関する次の記述のうち、正しいものの組合せはどれか。

a 管理美容師は、美容師である従業者が常時2人以上の美容所に設置しなければならない。

b 同一人が複数の美容所の管理美容師となることはできない。

c 管理美容師は、美容所の施設を衛生的に管理するものであり、美容の業務を衛生的に管理することまでは求められていない。

d 管理美容師は、美容師の免許を受けた後2年以上美容の業務に従事し、厚生労働大臣の指定する講習会の課程を修了した者でなければならない。

（1）aとb

（2）bとc

（3）cとd

（4）aとd

問題 5

[R4-46-5]

美容所の開設に関する次の記述のうち、正しいものはどれか。

（1）美容所の開設者は、美容師の免許を有する者でなければならない。

（2）美容所を開設する者は、使用開始後に届出を行い、構造設備の検査確認を受けなければならない。

（3）会社が従業員の福利厚生のために設ける美容所については、開設の届出は不要である。

（4）美容所の開設者の地位を承継する相続人は、その旨を都道府県知事等に届け出なければならない。

問題 6

[R4-46-6]

次のうち、美容所の閉鎖命令の対象となるものはどれか。

（1）開設者が、美容師でない者に美容の業務を行わせた場合

（2）開設者が、構造設備の変更届を怠った場合

（3）従事する美容師が、精神の機能の障害により業務を適正に行うことができない場合

（4）従事する美容師が、環境衛生監視員による立入検査を妨げた場合

問題 7

[R4-46-7]

生活衛生関係営業の運営の適正化及び振興に関する法律に関する次の記述のうち、正しいものはどれか。

（1）厚生労働大臣は、衛生上の規制措置のための適正化規程を定めることができる。

（2）生活衛生同業組合は、営業に関する技能の改善向上についても事業としている。

（3）都道府県知事は、振興指針を定めることができる。

（4）全国生活衛生営業指導センターが定める標準営業約款では、営業日の統一についても定めている。

問題8

[R4-46-8]

会計に関する次の記述のうち、誤っているものはどれか。

(1) 損益計算書では、一定の期間における利益や費用がどのような状況になっているのかを把握することができる。

(2) 損益計算書において、利益は「利益 = 収益（売上）－費用（コスト）」により求められる。

(3) 貸借対照表では、一時点においてどれだけの資産があるのか、借金はどれだけあるのかなどの状況を把握することができる。

(4) 貸借対照表において、1年以内に返済しなければならない借金は固定負債に分類される。

問題9

[R4-46-9]

医療保険制度に関する次の記述のうち、正しいものはどれか。

(1) 国民健康保険の保険者は、国民健康保険組合と全国健康保険協会である。

(2) 国民健康保険の保険料は、保険者にかかわらず全国一律である。

(3) 健康保険の保険料には、被保険者負担はない。

(4) 健康保険においては、育児休業中の保険料が免除される制度がある。

問題10

[R4-46-10]

労働保険に関する次の記述のうち、誤っているものはどれか。

(1) 雇用保険の保険料には、被保険者負担と事業主負担がある。

(2) 雇用保険の基本手当は、自己都合で退職し失業した場合には支給されない。

(3) 労働者災害補償保険の適用事業に雇用される者は、国籍や身分、年齢などにかかわらず適用労働者となる。

(4) 労働者災害補償保険は、通勤途上の事故に対しても適用されることがある。

問題11
[R4-46-11]

わが国の死亡に関する次の記述のうち、正しいものはどれか。
(1) 年齢別死亡率は、一般的に思春期のころ最も低くなる。
(2) 年齢調整死亡率は、人口1,000人に対して1年間に死亡した人の数である。
(3) がんによる死亡数は、減少傾向にある。
(4) 粗死亡率は、低下傾向にある。

問題12
[R4-46-12]

2015年のわが国の平均寿命に関する次の記述のうち、正しいものはどれか。
(1) 平均寿命の伸長は、公衆衛生の向上発展とは無関係である。
(2) 男女とも80年以上である。
(3) 男女とも世界第1位である。
(4) 男女の差は、3年以下である。

問題13
[R4-46-13]

次の疾病のうち、生活習慣病に該当しないものはどれか。
(1) がん
(2) 脳卒中
(3) 肺炎
(4) 心臓病

問題14
[R4-46-14]

一酸化炭素に関する次の記述のうち、誤っているものはどれか。
(1) 不完全燃焼により生じる。
(2) 不快な臭いがする。

（3）赤血球のヘモグロビンと結合する。

（4）空気中の濃度が高くなると、頭痛、めまい、吐き気など
　　を起こし、死に至る場合もある。

問題 **15**

[R4-46-15]

**採光と照明に関する次の記述のうち、誤っているものはどれ
か。**

（1）自然光には、直射日光と、雲を通してくる光や北の窓か
　　らの光などの天空光がある。

（2）一般に日常生活に不自由のない明るさは、10ルクス程度
　　である。

（3）照明には、作業場所だけを明るくする局所照明と部屋全
　　体を明るくする全般照明がある。

（4）直接照明は、照明効率は高いが、コントラストが強かっ
　　たり影をつくったりして、眼精疲労を起こすことがある。

【感染症】

問題 **16**

[R4-46-16]

**感染症とその病原体の身体への侵入・媒介経路に関する次の組
合せのうち、誤っているものはどれか。**

（1）百日せき —————————————— 気道

（2）腸管出血性大腸菌感染症 ————— 飲食物

（3）C型肝炎 ————————————— 動物・節足動物

（4）後天性免疫不全症候群（エイズ）—— 直接接触・傷口

問題 **17**

[R4-46-17]

細菌に関する次の記述のうち、正しいものはどれか。

（1）細菌の成分の約80％は、タンパク質である。

（2）細菌の芽胞は、熱や乾燥に弱い。

（3）細菌のなかには、酸素があると発育、増殖できないもの
　　がある。

（4）細菌は、生きた細胞内でないと発育、増殖できない。

問題 18

[R4-46-18]

細菌の変異に関する次の記述のうち、**誤っているもの**はどれか。

（1）変異には、細菌が新たな性質を獲得する場合と本来持っていた性質を失う場合がある。

（2）変異によって、細菌の病原性が低下することがある。

（3）変異によって、化学療法剤や消毒剤に対する耐性を獲得することがある。

（4）変異によって、細菌の形態が変化することはない。

問題 19

[R4-46-19]

感染と発病に関する次の記述のうち、**誤っているもの**はどれか。

（1）病原体が体内に侵入しても、発育、増殖することができず、体外に排出されてしまう状態のことも感染という。

（2）健康な人であれば、通常、感染を起こさないような病原性が低い病原体によって感染、発病する感染症を日和見感染症という。

（3）感染していても発病していない状態を不顕性感染という。

（4）病原体が体内に侵入してから最初に症状があらわれるまでの期間を潜伏期という。

問題 20

[R4-46-20]

結核に関する次の記述のうち、正しいものの組合せはどれか。

a 2015年のわが国の新登録患者数は、約100人である。

b 感染経路は、主として飛沫核感染である。

c 患者の早期発見のため、定期の健康診断が行われている。

d 肺以外の臓器は侵されない。

（1）aとb

（2）bとc

(3) cとd

(4) aとd

【衛生管理技術】

問題 **21**

[R4-46-21]

次の文章の　　　　内に入る語句の組合せのうち、正しいものはどれか。

「微生物を殺すことの総称は、　A　である。微生物のなかでも、病原微生物を殺すか除去して感染力をなくすことを　B　という。

また、　C　とは、あらゆる微生物を殺すか除去して微生物の存在をなくすことをいう。」

	A	B	C
(1)	殺菌	防腐	滅菌
(2)	滅菌	消毒	殺菌
(3)	殺菌	消毒	滅菌
(4)	滅菌	防腐	殺菌

問題 **22**

[R4-46-22]

美容師法施行規則に定められている消毒法に関する次の記述のうち、正しいものの組合せはどれか。

a 血液が付着していないブラシは、逆性石けんが0.1％以上である水溶液中に10分間以上浸す。

b 血液が付着したはさみは、1cm²あたり85マイクロワット以上の紫外線を20分間以上照射する。

c 血液が付着していないかみそりは、エタノールが76.9 ～81.4％の水溶液を含ませた綿もしくはガーゼで表面を拭く。

d 血液が付着したくしは、次亜塩素酸ナトリウムが0.1％以上である水溶液中に10分間以上浸す。

(1) aとb
(2) bとc
(3) cとd
(4) aとd

問題23
[R4-46-23]

消毒・殺菌に関する次の記述のうち、誤っているものはどれか。
(1) 同じ時間と温度であれば、湿熱は乾熱より効果が高い。
(2) 消毒薬水溶液の温度は低いほど効果がある。
(3) 消毒薬には、消毒しようとする対象によって適した濃度がある。
(4) 蒸気消毒は、煮沸消毒より長く時間がかかる。

問題24
[R4-46-24]

消毒用エタノールに関する次の記述のうち、誤っているものはどれか。
(1) 逆性石けんと併用すると効果が低下する。
(2) 細菌の芽胞には効果がない。
(3) 揮発性が強いので、濃度が変化しやすい。
(4) 引火性があるので、保管や取扱い時に火気を避ける。

問題25
[R4-46-25]

消毒薬の希釈方法に関する次の記述の [   ] 内に入る数値のうち、正しいものはどれか。
「5％次亜塩素酸ナトリウムを用いて0.1％の水溶液をつくるには、5％次亜塩素酸ナトリウム5mL に水を加えて [   ] mL の溶液とする。」
(1) 100
(2) 250
(3) 500
(4) 1,000

保健

【人体の構造及び機能】

問題 26

[R4-46-26]

次の頭頸部の部位のうち、頬骨部と接しているものはどれか。

(1) オトガイ部

(2) 鼻部

(3) 前頸部

(4) 眼窩部

問題 27

[R4-46-27]

骨を形づくる次の構造のうち、造血作用を持つものはどれか。

(1) 海綿質

(2) 骨膜

(3) 赤色骨髄

(4) 緻密質

問題 28

[R4-46-28]

次の筋のうち、眼を閉じるときに働く骨格筋はどれか。

(1) オトガイ筋

(2) 眼輪筋

(3) 頬筋

(4) 前頭筋

問題 29

[R4-46-29]

次の神経のうち、中枢神経系に分類されるものはどれか。

(1) 脳神経

(2) 脊髄

(3) 自律神経

(4) 体性神経

<table>
<tr><td>問題 **30**
[R4-46-30]</td><td>次の耳の部分のうち、聴覚に<u>関与しないもの</u>はどれか。
（1）前庭
（2）蝸牛
（3）耳小骨
（4）鼓膜</td></tr>
</table>

【皮膚科学】

<table>
<tr><td>問題 **31**
[R4-46-31]</td><td>皮膚の構造に関する次の記述のうち、正しいものはどれか。
（1）表皮は、基底層、有棘層、顆粒層、角質層の４つの層からなる。
（2）角化細胞（ケラチノサイト）は、表皮内に侵入した抗原物質（アレルゲン）を取り込む性質がある。
（3）ランゲルハンス細胞は、約１か月かけて基底細胞から角質細胞に分化する。
（4）色素細胞（メラノサイト）の数は、同一部位で比較すると人種によって大きく異なる。</td></tr>
</table>

<table>
<tr><td>問題 **32**
[R4-46-32]</td><td>皮膚付属器官の構造に関する次の記述のうち、<u>誤っているもの</u>はどれか。
（1）すべての毛に毛髄質はある。
（2）毛は、皮膚表面に出ている部分を毛幹、皮膚の内部にある部分を毛根という。
（3）毛は、毛母でつくられる。
（4）毛は、ケラチンという硫黄を含んだタンパク質でできている。</td></tr>
</table>

問題33

[R4-46-33]

皮膚と皮膚付属器官の生理機能に関する次の記述のうち、誤っているものはどれか。

(1) ヒトでは、皮膚呼吸はほとんど行われない。

(2) 皮膚表面の脂肪膜と角質層のケラチンは、化学的刺激に対する保護の働きをしている。

(3) 皮膚表面の脂肪膜は、pH は7ぐらいなので、細菌の発育を抑制しない。

(4) 温度と関係なく精神的な感動によって手掌や足底、腋窩から急激に汗が出ることを精神性発汗という。

問題34

[R4-46-34]

皮膚と皮膚付属器官の保健に関する次の記述のうち、誤っているものはどれか。

(1) 抗しわ療法として、ボツリヌス毒素による筋弛緩作用を利用することがある。

(2) 尋常性座瘡（ニキビ）、蕁麻疹、湿疹のなかには、便秘により悪化するものもある。

(3) 男性ホルモンの増加は、脂腺の発育を促し、尋常性座瘡や脂漏を引き起こす。

(4) UVA は真皮にまで達し、色素細胞の働きを弱める。

問題35

[R4-46-35]

皮膚疾患に関する次の記述のうち、正しいものはどれか。

(1) 脂漏性皮膚炎は、フケ症やあぶら症の人に多い皮膚炎で、紅斑や落屑がみられる。

(2) 手には、足のように白癬菌による病変は生じない。

(3) 化粧品によるアレルギー性の接触皮膚炎（カブレ）は、薄めれば発症しない。

(4) 尋常性疣贅は、真菌によってできる。

香粧品化学

問題 36
[R4-46-36]

溶媒に関する次の記述のうち、正しいものはどれか。
(1) 水は、有機溶媒である。
(2) メタノールは、化粧水の溶媒として用いられる。
(3) イソプロパノールには、殺菌力がない。
(4) アセトンは、エナメルリムーバーに用いられる。

問題 37
[R4-46-37]

香粧品に含まれる有機化合物とその分類に関する次の組合せのうち、正しいものはどれか。
(1) セタノール ―――― 炭化水素
(2) ワセリン ―――――― ロウ
(3) ステアリン酸 ―― 脂肪酸エステル
(4) システイン ――――― アミノ酸

問題 38
[R4-46-38]

香粧品に用いられる成分とその配合目的に関する次の組合せのうち、誤っているものはどれか。
(1) パラアミノ安息香酸エステル ――――――――― 紫外線吸収剤
(2) パラオキシ安息香酸エステル（パラベン）―― 防腐剤
(3) パラフィン ――――――――――――――――― 水性原料
(4) パラフェノールスルホン酸亜鉛 ――――――― 収れん剤

問題 39
[R4-46-39]

パーマ剤に含まれる成分とその配合目的に関する次の記述のうち、誤っているものはどれか。
(1) システインは第２剤に含まれ、酸化剤として働く。
(2) 臭素酸ナトリウムは第２剤に含まれ、酸化剤として働く。
(3) チオグリコール酸は第１剤に含まれ、還元剤として働く。
(4) モノエタノールアミンは第１剤に含まれ、アルカリ剤と

して働く。

問題40

[R4-46-40]

**ヘアカラー製品に関する次の記述のうち、正しいものの組合せ
はどれか。**

a 酸性染毛料は、医薬部外品に分類される。

b 脱染剤には、強い酸化剤である過硫酸塩が用いられる。

c 酸化染毛剤第2剤中の過酸化水素から放出される酸素に
より、メラニン色素の分解が起こる。

d パラフェニレンジアミンは、もともと色を有する直接染
料である。

（1）aとb

（2）bとc

（3）cとd

（4）aとd

····· 文化論及び美容技術理論 ·····

問題41

[R4-46-41]

**明治時代の女性の髪型に関する次の記述のうち、<u>誤っているも
の</u>はどれか。**

（1）洋服を着る人はごく一部で、和装に束髪という組合せが
発達した。

（2）束髪は、日本髪よりも衛生的で手入れがしやすく、日常
生活に便利であった。

（3）束髪は、上流階級や知識層の女性にまず受け入れられ、
さらに働く女性に普及していった。

（4）日本髪は、日常的には結われなくなった。

問題42 [R4-46-42]

次のうち、1970年代に流行した襟足あたりは長めで、段々に削いだ野性的な髪型はどれか。

(1) ヘップバーンカット
(2) セシールカット
(3) ウルフカット
(4) マッシュルームカット

問題43 [R4-46-43]

次の着物のうち、一つ紋を付けることによって、女性の準礼装となるものはどれか。

(1) 紬（つむぎ）
(2) 江戸小紋
(3) 浴衣
(4) 紗袷（しゃあわせ）

問題44 [R4-46-44]

下図は、頭部の基準となるポイントを表したものである。A、B、Cに該当する名称の次の組合せのうち、正しいものはどれか。

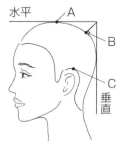

水平　A
B
C
垂直

	A	B	C
(1)	ゴールデンポイント	トップポイント	イヤーポイント
(2)	トップポイント	ゴールデンポイント	イヤーポイント
(3)	ゴールデンポイント	トップポイント	ネープポイント
(4)	トップポイント	ゴールデンポイント	ネープポイント

問題45

[R4-46-45]

下図は、シザーズが応用しているてこの原理での力学的な点を表したものである。A、B、Cに該当する名称の次の組合せのうち、正しいものはどれか。

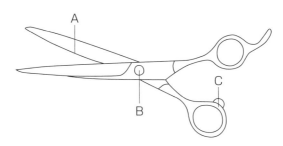

（1）作用点 ── 支点 ── 力点
（2）力点 ── 交点 ── 作用点
（3）力点 ── 支点 ── 作用点
（4）作用点 ── 交点 ── 力点

問題46

[R4-46-46]

次のうち、スキャルプマッサージ手技の打法に該当しないものはどれか。

（1）タッピング
（2）ハッキング
（3）カッピング
（4）ストローキング

問題47

[R4-46-47]

ヘアデザインに関する次の記述のうち、誤っているものはどれか。

（1）幾何学的錯視は大きく分類すると、距離・大きさに関する錯視と角度・方向に関する錯視の2つに分けられる。
（2）ドンディスによる形の3つの基本形は、正方形・円・正五角形である。

（3）面を構成する要素として、形・大きさ・テクスチャーがある。

（4）ヘアスタイルにおけるテクスチャーは、ストレートかウェーブもしくはラフな表面の仕上り感である。

問題48
[R4-46-48]

下図は、パネルと頭皮の角度を表したものである。ダウンステムに該当するものはどれか。

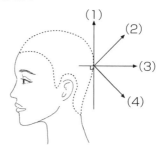

問題49
[R4-46-49]

パーマネントウェーブ技術に関する次の記述のうち、正しいものはどれか。

（1）中間リンスは、役割を終えた第2剤を洗い流すために行う。

（2）ロッドアウト後のプレーンリンスは、ぬるま湯で手早く簡単にすませる。

（3）アフターリンスの目的の1つには、酸性成分を中和し毛髪を膨潤させるということがある。

（4）アフターリンスの目的の1つには、施術中に脱脂した油分をヘアトリートメントで補うということがある。

問題50

[R4-46-50]

次のピンカールのうち、ストランドの根元から巻きはじめ、根元に強いカールがあらわれるものはどれか。

(1) スカルプチュアカール
(2) リフトカール
(3) メイポールカール
(4) クロッキノールカール

問題51

[R4-46-51]

色の基本に関する次の記述のうち、誤っているものはどれか。

(1) プライマリーカラー（色の三原色）とは、赤、黄、青の3色である。
(2) 明度は色の明るさのことで、彩度は色の鮮やかさのことである。
(3) 明度と彩度が組み合わさった調子を色のトーンという。
(4) プライマリーカラーを2色ずつ混合したものをカラーサークル（色相環）という。

問題52

[R4-46-52]

マニキュア技術に関する次の記述のうち、正しいものはどれか。

(1) 爪が長い場合は、キューティクルニッパーで爪をカットした後、ファイリングを行う。
(2) ファイリングは、ストレスポイントからセンターに向け、往復しながら行う。
(3) はみ出したカラーエナメルは、コットンスティックにエナメルリムーバーを含ませて拭き取る。
(4) ベースコート、カラーエナメルの順に塗布した後に油分処理をし、仕上げにトップコートを塗布する。

問題53

[R4-46-53]

アイブロウメイクアップに関する次の記述のうち、正しいものはどれか。

(1) 芯のかたいアイブロウペンシルを用いて、1本1本の眉毛を植えこむように描くとよい。

(2) 眉山は、黒目の中央と外側の延長線の間が基本である。

(3) ドローイングは、アイシャドーで眉毛の部分に陰を付け、自然な仕上がりにすることである。

(4) アーチ形の眉は、眉頭から眉尻にかけて直線的に描くとよい。

問題54

[R4-46-54]

まつ毛エクステンションに関する次の記述のうち、正しいものはどれか。

(1) エクステンションは、まつ毛の成長期初期の装着が最適である。

(2) エクステンションは、地肌から3mm以上離して接着する。

(3) エクステンションは、通常2～3週間持つ。

(4) エクステンションを装着しやすいように、眼鏡の代わりにコンタクトレンズの使用を勧める。

問題55

[R4-46-55]

着物に関する次の記述のうち、誤っているものはどれか。

(1) 男物、女物ともに、身八つ口がある。

(2) 女物の身丈は、着丈（首より下の長さ）よりも長く仕立てられている。

(3) 男物の身丈は、着丈で仕立てられている。

(4) 前身ごろを合わせたときに上になるほうの身ごろ（向かって右側）を上前という。

I 部
過去問題に挑戦しよう

第 **47** 回
過去問題

第47回 過去問題

··· 関係法規・制度及び運営管理 ···

問題 1

[R4-47-1]

保健所に関する次の文章の　　　内に入る語句の組合せのうち、正しいものはどれか。

「保健所は、現在、その設置や役割が　A　に定められており、都道府県や　B　に設置され、これら自治体には美容所に対し　C　を行う環境衛生監視員が配置されている。」

	A	B	C
(1)	地域保健法 ——	保健所設置市又は東京都の特別区 ——	立入検査
(2)	保健所法 ——	すべての市町村 ———————	立入検査
(3)	保健所法 ——	保健所設置市又は東京都の特別区 ——	経営指導
(4)	地域保健法 ——	すべての市町村 ———————	経営指導

問題 2

[R4-47-2]

美容師名簿の登録に関する次の記述のうち、正しいものはどれか。

(1) 名簿を備えて美容師の免許に関する事項を登録する事務は、都道府県知事が行う。

(2) 美容師が氏名を変更したときは、2か月以内に名簿の訂正を申請しなければならない。

(3) 美容師が管理美容師資格認定講習会の課程を修了したときは、30日以内に名簿の登録事項の追加を申請しなければならない。

(4) 美容師が死亡したときは、戸籍法による届出義務者は、30日以内に名簿の登録の消除を申請しなければならない。

問題3

[R4-47-3]

管理美容師に関する次の文章の〔　　　〕**に入る数値の組合せのうち、正しいものはどれか。**

「美容師である従業者が常時〔　A　〕人以上の美容所の開設者は、美容所ごとに管理美容師を置かなければならない。美容師の免許を受け〔　B　〕年以上美容の業務に従事し、管理美容師資格認定講習会の課程を修了した開設者は、自ら主として管理する〔　C　〕か所の美容所の管理美容師となることができる。」

　　　 A　　　B　　　C
(1)　1 ── 3 ── 2
(2)　1 ── 5 ── 1
(3)　2 ── 3 ── 1
(4)　2 ── 5 ── 2

問題4

[R4-47-4]

美容所の開設に関する次の記述のうち、誤っているものはどれか。

(1) 国内に住民票がある外国人は、美容所の開設者になれる場合がある。
(2) 美容所の開設者が講ずべき衛生上必要な措置については、都道府県等の条例でも定められている。
(3) 美容所の開設者が講ずべき衛生上必要な措置を怠ったときは、そのことにより30万円以下の罰金に処せられる。
(4) 施術者全員が理容師及び美容師双方の資格を有するときは、同一の場所で理容所及び美容所の重複開設が認められる場合がある。

問題5

[R4-47-5]

美容所の開設者が行う届出に関する次の記述のうち、正しいものはどれか。

(1) 美容所の開設者は、美容所の名称のみを変更した場合には、届出をする必要はない。

（2）管理美容師を設置すべき美容所の開設者は、開設時に管理美容師の氏名と住所を届け出なければならない。

（3）美容所の開設者は、届出事項に変更が生じた場合には、30日以内に届け出なければならない。

（4）美容所の開設者が開設の届出を怠った場合、閉鎖処分となることがある。

問題 6

[R4-47-6]

次のうち、そのことにより罰金に処せられることがある場合として正しいものの組合せはどれか。

a 美容師の免許を受けず美容を業とした場合

b 美容師が業務停止処分に違反した場合

c 管理美容師を設置すべき美容所の開設者が管理美容師を設置しない場合

d 美容所の開設者が構造設備についての検査確認前に美容所を使用した場合

（1）aとb

（2）bとc

（3）cとd

（4）aとd

問題 7

[R4-47-7]

生活衛生関係営業の運営の適正化及び振興に関する法律に関する次の文章の　　　内に入る語句の組合せのうち、正しいものはどれか。

「生活衛生関係営業の振興を図るため、　A　が業種ごとに振興指針を定め、この指針に基づいて　B　が振興計画を定める仕組みが設けられている。また、サービスの内容を適正に表示すること等により利用者又は消費者の選択の利便を図るため、全国生活衛生営業指導センターは、　C　を定めることができる。」

	A	B	C
(1)	厚生労働大臣	生活衛生同業組合	標準営業約款
(2)	都道府県知事	保健所	標準営業約款
(3)	都道府県知事	生活衛生同業組合	適正化規程
(4)	厚生労働大臣	都道府県知事	適正化規程

問題 8

[R4-47-8]

美容所の経営についての税金に関する次の記述のうち、誤っているものはどれか。

(1) 所得税や法人税は、利益が出ているときに納める税金である。

(2) 雇用主は、従業員の給与から源泉所得税を預かり、原則翌月10日までに税務署に納める。

(3) 固定資産税は、経営がうまくいかず損失が出ている場合には、納付が免除される税金である。

(4) 申告納税しなければならない者が申告や納税義務を怠った場合には、罰則として追加の税が課されることになっている。

問題 9

[R4-47-9]

労働基準法に関する次の記述のうち、誤っているものはどれか。

(1) 労働条件の最低基準を定めている。

(2) 同居の親族以外で、使用している従業員が5人未満の美容所には適用されない。

(3) 使用者は、技能の習得を目的とする者であることを理由として、労働者を酷使してはならない。

(4) 雇用契約を結ぶときは、労働者に賃金等の労働条件を明示しなければならない。

介護保険制度に関する次の記述のうち、正しいものの組合せはどれか。

a 介護保険の運営主体（保険者）は、都道府県である。

b 介護保険の被保険者は、20歳以上のすべての国民である。

c 介護保険の給付には、介護給付のほかに予防給付もある。

d 介護給付を受けるには、要介護状態について認定を受けなければならない。

（1）aとb

（2）bとc

（3）cとd

（4）aとd

・・・・・・・・・・・・ 衛生管理 ・・・・・・・・・・・・
【公衆衛生・環境衛生】

わが国の2015年の統計指標に関する次の組合せのうち、Aの数値がBの数値より大きいものはどれか。

	A	B
（1）	肺炎死亡者数	心疾患死亡者数
（2）	男性の平均寿命	女性の平均寿命
（3）	女性の粗死亡率	男性の粗死亡率
（4）	死亡数	出生数

問題 12

[R4-47-12]

生活習慣病に関する次の記述のうち、**誤っているもの**はどれか。

(1) 脳血管疾患の死亡率は、2000年以降減少傾向にある。

(2) 悪性新生物の年齢調整死亡率は、増加傾向にある。

(3) 虚血性心疾患の患者数や死亡者数は、40歳代以降で加齢とともに急速に増える傾向がある。

(4) 2型糖尿病は、肥満や運動、食事などの生活習慣の改善によって予防できる場合がある。

問題 13

[R4-47-13]

次のうち、わが国の2015年の65歳以上人口はどれか。

(1) 約1200万人

(2) 約2300万人

(3) 約3400万人

(4) 約5500万人

問題 14

[R4-47-14]

カビとダニに関する次の記述のうち、**誤っているもの**はどれか。

(1) 室内の天井や壁に発生している黒カビは、アレルギー反応を引き起こすことはない。

(2) カビの発育は、酸素や湿度、温度、栄養によって影響を受ける。

(3) ダニのなかには、人の皮膚から落下するフケや垢を栄養とするものがいる。

(4) ダニの死骸やふんを吸い込んで、アレルギー反応を引き起こすことがある。

下水道と浄化槽に関する次の記述のうち、誤っているものはどれか。

（1）下水道の整備により、日常生活の快適性や公衆衛生の向上が期待できる。

（2）下水処理を終えて川や海に放流される水の水質は、法律により規制されている。

（3）下水道が整備されていない地域では、浄化槽が広く使用されている。

（4）浄化槽の設置や保守点検に関係する法律は、定められていない。

【感染症】

次の感染症のうち、美容師が感染している場合、感染症法に基づき、美容の業務に従事できないものの正しい組合せはどれか。

　　a　後天性免疫不全症候群（エイズ）

　　b　結核

　　c　エボラ出血熱

　　d　梅毒

（1）aとb

（2）bとc

（3）cとd

（4）aとd

予防接種法に基づく予防接種に関する次の記述のうち、誤っているものはどれか。

（1）予防接種を受けるように努めなければならないという努力義務は、これを受けなければならないという義務に改

められている。

(2) 定期に行われるものや臨時に行われるもの、希望者が任意に受けるものがある。

(3) 予防接種には、感染症に対する個人や集団の抵抗力を高める効果がある。

(4) 定期予防接種の対象疾病にはＡ類疾病、Ｂ類疾病があり、救済の内容などに違いがある。

問題 **18**

[R4-47-18]

感染症と病原体に関する次の組合せのうち、正しいものはどれか。

(1) ペスト ――――― 細菌
(2) 破傷風 ――――― 原虫
(3) ジフテリア ―― ウイルス
(4) デング熱 ――――― 蠕虫（ぜんちゅう）

問題 **19**

[R4-47-19]

次の感染症のうち、胎内感染することがあるものはどれか。

(1) 腸管出血性大腸菌感染症
(2) 百日せき
(3) 風しん
(4) コレラ

問題 **20**

[R4-47-20]

次の対策のうち、感染症予防の３原則に含まれないものはどれか。

(1) 感染源に関する対策
(2) 感染経路に関する対策
(3) 宿主の感受性対策
(4) 個人予防対策

【衛生管理技術】

問題 21

[R4-47-21]

紫外線消毒に関する次の記述のうち、誤っているものはどれか。

（1）タオルやケープなどの布片類の消毒に適している。

（2）物体の表面にしか作用しないので、深部や陰の部分は消毒できない。

（3）目や皮膚に直接照射すると害がある。

（4）プラスチックの一部には劣化するものがある。

問題 22

[R4-47-22]

美容所で行う蒸気消毒に関する次の記述のうち、正しいものはどれか。

（1）かみそりの消毒に適用できる。

（2）消毒に要する時間は、煮沸消毒より短い。

（3）タオル蒸し器内の圧力は、大気圧と同じである。

（4）細菌の芽胞を不活化できる。

問題 23

[R4-47-23]

消毒薬水溶液の特徴に関する次の記述のうち、正しいものはどれか。

（1）エタノール水溶液は、無色透明で揮発性がある。

（2）次亜塩素酸ナトリウム水溶液は、無色透明で引火性がある。

（3）両性界面活性剤水溶液は、赤桃色で振ると泡立つ。

（4）逆性石けん水溶液は、無色透明で一般の石けんと併用すると消毒力が高まる。

消毒薬水溶液の調製に関する次の記述のうち、正しいものはどれか。

(1) 5％次亜塩素酸ナトリウムを50倍希釈して、0.01％水溶液を調製する。

(2) 10％逆性石けんを100倍希釈して、0.1％水溶液を調製する。

(3) 20％グルコン酸クロルヘキシジンを200倍希釈して、0.05％水溶液を調製する。

(4) 15％両性界面活性剤を150倍希釈して、1％水溶液を調製する。

血液が付着しているくしの消毒方法に関する次の記述のうち、正しいものの組合せはどれか。

a 80℃を超える蒸気に10分間以上触れさせる。

b 0.1％以上の次亜塩素酸ナトリウムに10分間以上浸す。

c 消毒用エタノールに10分間以上浸す。

d 1cm^{2}当たり85マイクロワット以上の紫外線を20分間以上照射する。

(1) aとb

(2) bとc

(3) cとd

(4) aとd

問題 **26**

[R4-47-26]

次の関節のうち、最も自由に運動できる形態のものはどれか。
(1) 蝶番関節
(2) 鞍関節
(3) 車軸関節
(4) 球関節

問題 **27**

[R4-47-27]

次の筋のうち、表情筋に含まれないものはどれか。
(1) 眼輪筋
(2) 口輪筋
(3) 前頭筋
(4) 側頭筋

問題 **28**

[R4-47-28]

次のうち、交感神経が優位に機能するときに起こる変化はどれか。
(1) アドレナリン分泌低下
(2) 瞳孔散大
(3) 心筋収縮力低下
(4) 消化管機能亢進

問題 **29**

[R4-47-29]

次の眼の部分のうち、網膜にあるものはどれか。
(1) 虹彩
(2) 中心窩
(3) 硝子体
(4) 毛様体

問題 30

[R4-47-30]

次のうち、血液の小循環の経路に含まれるものはどれか。
(1) 右心室
(2) 左心室
(3) 脳の毛細血管
(4) 門脈

【皮膚科学】

問題 31

[R4-47-31]

皮膚に関する次の記述のうち、誤っているものはどれか。
(1) 頭の皮膚は厚くて強く、ゴムのようなかたさと弾力を持っている。
(2) 体幹の皮膚は、腹側よりも背側の方が厚い。
(3) 顔の皮膚は、全体的に厚さが均一である。
(4) 耳を覆う皮膚の皮下組織は少なく、皮下脂肪はほとんどない。

問題 32

[R4-47-32]

皮膚付属器官に関する次の記述のうち、正しいものはどれか。
(1) 毛根の下端のフラスコ状に膨らんだ部分を毛幹という。
(2) 脂腺は、手掌や足底に最も多く分布する。
(3) 汗腺には、エクリン腺とアポクリン腺がある。
(4) 爪の主な成分は、エラスチンである。

問題 33

[R4-47-33]

皮膚と皮膚付属器官の生理機能に関する次の記述のうち、誤っているものはどれか。
(1) 皮膚に冷たい刺激を与えると、立毛筋が収縮して、いわゆる鳥肌反応（立毛筋反射）が起こることがある。
(2) 脂腺の発育は、女性ホルモンの刺激によって行われる。
(3) 温度と関係なく精神的な感動によって手掌や足底、腋窩から急激に汗が出ることがある。

（4）皮膚の表面にある脂肪膜は弱酸性で、細菌の増殖を抑制する。

問題 34

[R4-47-34]

皮膚と皮膚付属器官の保健に関する次の記述のうち、**誤っている**ものはどれか。

（1）肝臓障害によって胆汁色素が皮膚に沈着すると、皮膚は紫色を帯びる。

（2）更年期の女性では、フケの増加やひげの発育、四肢の硬毛の発育がみられることがある。

（3）尋常性痤瘡（ニキビ）のなかには、便秘により悪化するものがある。

（4）UVA は真皮にまで達し、しわやたるみを招く。

問題 35

[R4-47-35]

皮膚の疾患と病原体に関する次の組合せのうち、正しいものはどれか。

（1）伝染性軟属腫（ミズイボ）── 細菌

（2）伝染性膿痂疹（トビヒ）─── ヒゼンダニ

（3）帯状疱疹 ───────── 真菌

（4）尋常性疣贅 ─────── ウイルス

香粧品化学

問題 36

[R4-47-36]

香粧品の水性原料である水とエタノールに関する次の文章の □□□ 内に入る語句の組合せのうち、正しいものはどれか。

「多くの化粧水のように物質が均一に溶け合って液体となった溶液において、物質を溶かしている液体を溶媒といい、溶けて

いる物質を　A　という。水のような炭素を含まない溶媒を
　B　溶媒という。エタノールは水に溶けない物質を溶かす
溶媒としての働きだけでなく、蒸発する際に皮膚の熱を奪って
冷感を与えて皮膚組織を引き締める　C　作用も持っている。」

	A	B	C
(1)	溶剤	無機	保湿
(2)	溶剤	有機	収れん
(3)	溶質	有機	保湿
(4)	溶質	無機	収れん

部
過去問題／第47回

問題 **37**

[R4-47-37]

油性原料に関する次の組合せのうち、誤っているものはどれ
か。

(1) 油脂 ──────── オリーブ油

(2) ロウ類 ──────── ホホバ油

(3) 炭化水素 ──────── マイクロクリスタリンワックス

(4) シリコーン油 ── ワセリン

問題 **38**

[R4-47-38]

界面活性剤に関する次の記述のうち、正しいものはどれか。

(1) 石けんは、陽イオン界面活性剤（カチオン界面活性剤）
に分類され、洗浄力に優れている。

(2) 第四級アンモニウム塩は、陰イオン界面活性剤（アニオ
ン界面活性剤）に分類され、ヘアリンス剤に用いられる。

(3) レシチンは、両性界面活性剤に分類され、大豆や卵黄な
どから得ることができる。

(4) ラノリンは、非イオン界面活性剤（ノニオン界面活性剤）
に分類され、クリームや乳液などの乳化剤として用いら
れる。

問題 39

[R4-47-39]

酸化・還元に関する次の記述のうち、**誤っているもの**はどれか。

（1）過酸化水素は、染毛剤中で還元剤として作用する。

（2）パーマ剤第1剤中のチオグリコール酸は、還元剤として用いられ、シスチン結合に水素を与える。

（3）パーマ剤第2剤中の臭素酸ナトリウムは、毛髪内のシスチン結合を酸化により再結合させる。

（4）抗酸化剤は、香粧品の自動酸化を防ぐ。

問題 40

[R4-47-40]

ヘアカラー製品に関する次の記述のうち、**誤っているもの**はどれか。

（1）パラフェニレンジアミンは、毛髪内部まで浸透し、重合により発色する。

（2）脱色剤は、毛髪内部のメラニン色素を酸化して分解する。

（3）酸化染料は、ヘアマニキュアに配合される。

（4）染料中間体をカップラーとともに用いると、さまざまな色調に発色する。

•••••• 文化論及び美容技術理論 ••••••

問題 41

[R4-47-41]

昭和時代に流行した髪型に関する次の記述のうち、**誤っているもの**はどれか。

（1）セシールカットとは、髪全体を極端に短くしたボーイッシュな髪型である。

（2）サーファーカットとは、肩よりやや長めのセミロングのレイヤードヘアである。

（3）ソバージュとは、根元から毛先まで細かくパーマをかけ

てウェーブをつけた髪型である。

(4) ヘップバーンスタイルとは、後頭部で束ねた毛束を子馬のしっぽのように垂らした髪型である。

問題 42
[R4-47-42]

次のうち、1960年代から1970年代にかけて流行した若者男性のヘアスタイルに該当しないものはどれか。

(1) GI 刈
(2) ロングヘア
(3) マッシュルームカット
(4) アフロヘア

問題 43
[R4-47-43]

1960年代の服装に関する次の記述のうち、誤っているものはどれか。

(1) 高田賢三が、アメリカのアイビースタイルをアメトラ（アメリカン・トラディショナル）ファッションとして定着させた。

(2) 東京・銀座で西銀座族やみゆき族と名付けられた若者たちのファッションが話題となった。

(3) パリのオートクチュールデザイナーが作りはじめた高級既製服が日本でも販売されるようになった。

(4) アンドレ・クレージュがミニスカートをパリ・コレクションで取り上げ、話題となった。

問題 44
[R4-47-44]

美容技術における作業姿勢に関する次の記述のうち、誤っているものはどれか。

(1) 立位作業を行うときは、技術者の重心から下した垂線が両足に囲まれた領域内にあると姿勢が安定する。

(2) 技術を施す箇所に正対して作業することが、正しい姿勢の基本である。

(3) パーマネントウェーブ技術でロッドを巻くときは、頭部が技術者の目の高さとなるようにする。

(4) 肩の関節を固定させて手を動かす作業を行うときは、肘に余裕を持たせて手先を動かすとよい。

問題 **45**

[R4-47-45]

シザーズに関する次の記述のうち、正しいものはどれか。

(1) 母指で操作する方の刃を静刃という。

(2) ティッシュペーパーをゆっくりと切ってみたときに、すべるものがよい。

(3) 交点での接触圧が開くときより閉じるときに強いものがよい。

(4) 動刃と静刃の間に凸レンズ状のあきが正確につくられているものがよい。

問題 **46**

[R4-47-46]

ヘアアイロンに関する次の文章の　　　内に入る語句の組合せのうち、正しいものはどれか。

「ヘアアイロンは、　A　と物理的な力によって毛髪の構造に変化を与える。ロッドの素材には、ステンレスやセラミックの他、ヘアローションなどが焦げつかないように表面に　B　加工を施したものなどがある。電熱式ヘアアイロンでは、ニクロム線と　C　との接続部分は壊れやすく、絶縁体が不良になると感電の危険がある。」

	A		B		C
(1)	熱	——	アクリル樹脂	——	プラグ
(2)	光	——	フッ素樹脂	——	プラグ
(3)	光	——	アクリル樹脂	——	コード
(4)	熱	——	フッ素樹脂	——	コード

問題47

[R4-47-47]

次のスキャルプトリートメントの方法のうち、化学的方法に分類されるものはどれか。

(1) ブラッシングによる方法
(2) スキャルプマッサージによる方法
(3) ヘアトニックを用いる方法
(4) ヘアスチーマーの湿熱を用いる方法

問題48

[R4-47-48]

デザインの比率に関する次の記述のうち、<u>誤っているもの</u>はどれか。

(1) パルテノン神殿など歴史的な建造物の中に、最も安定した比率とされる黄金比を見ることができる。
(2) 人間のプロポーションでは、身体に対して頭が相対的に大きいと全体的に大人っぽい成熟した印象を与える。
(3) アンバランスなデザインは、緊張感を生み出す。
(4) レオナルド・ダ・ヴィンチは、人体のプロポーションのカノン（基準）を描いた。

問題49

[R4-47-49]

シザーズによるカット技法に関する次の記述のうち、正しいものはどれか。

(1) ブラントカットとは、カッティングされたラインを修整する技法である。
(2) ポインティングカットとは、毛髪を直線でブツ切りにする技法である。
(3) スライドカットとは、毛先を穂先のような状態にする技法である。
(4) トリミングカットとは、毛量を減らして調整する技法である。

問題 50

[R4-47-50]

パーマネントウェーブ技術に関する次の記述のうち、正しいものはどれか。

（1）吸水性毛は薬剤をはじき、パーマがかかりにくい。

（2）施術前のシャンプーは、刺激が少なく適度に洗浄力のあるシャンプー剤がよい。

（3）パーマがかかりすぎるおそれのある毛髪の場合は、つけ巻きをするとよい。

（4）テストカール時の適正カールの直径は、ロッドの直径の1.5倍である。

問題 51

[R4-47-51]

次のストランドカールのベースの種類のうち、ステムをオーバーラップさせやすいものはどれか。

（1）スクエアベース

（2）オブロングベース

（3）パラレログラムベース

（4）トライアンギュラーベース

問題 52

[R4-47-52]

酸化染毛剤に関する次の記述のうち、<u>誤っているもの</u>はどれか。

（1）カラーチェックは、1か所で行う。

（2）頭髪全体を明るくする場合は、細かいブロックに分けて、ネープから塗布する。

（3）おしゃれ染の場合は、先に中間部と毛先に塗布し、希望色に近づいたら根元部分に塗布する。

（4）白髪は染まりにくいので、多い部分から塗布し、放置時間を長めにする。

問題 53

[R4-47-53]

アーティフィシャルネイルに関する次の記述のうち、誤っているものはどれか。

(1) チップとは、チップを装着し、弱い爪の補強や修復を行うテクニックである。

(2) チップオーバーレイとは、チップを装着した上にジェル等で補強するテクニックである。

(3) スカルプチュアとは、人工爪の土台となるフォームを使用し、ジェル等で長さを出すテクニックである。

(4) ナチュラルネイルオーバーレイとは、爪の上をジェル等で覆い、補強や修復などを行うテクニックである。

問題 54

[R4-47-54]

まつ毛エクステンションの注意事項に関する次の記述のうち、正しいものはどれか。

(1) まつ毛エクステンションの施術中に体に何らかの違和感を生じた場合は、直ちに施術者が塗り薬などで対処する。

(2) グルーは硬化するまでに時間がかかるため、施術後、最低でも5～6時間は洗顔・入浴など高温・多湿の環境は避ける。

(3) 個人差はあるが、おおむね5～6週間でリペアが必要になる。

(4) 再来時のカウンセリングは必要ない。

問題 **55**

[R4-47-55]

下図は、日本髪を表したものである。A、B、Cに該当する名称の次の組合せのうち、正しいものはどれか。

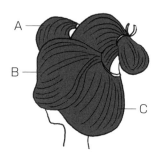

	A	B	C
(1)	前髷 まえまげ	髱 たぼ	鬢 びん
(2)	前髪	髱	鬢
(3)	前髷	鬢	髱
(4)	前髪	鬢	髱

Chapter **1**

関係法規
・制度
及び
運営管理

関係法規・制度及び運営管理 の過去問題に挑戦しよう

これまで試験に出題された問題からピックアップしています。数多くの問題を解くことで合格の実力を身につけてください。

問題 1

[H19-15-1]

保健所に関する次の記述のうち、正しいものはどれか。

（1）地域における疾病の予防、健康増進、生活衛生など公衆衛生活動の中心となる機関である。

（2）高齢者の増加に対応し、福祉・介護行政に重点をおいている。

（3）保健所法に基づき都道府県、政令市及び特別区が設置する衛生行政機関である。

（4）事業として、人口動態統計及び精神保健に関する事項は行っていない。

問題 2

[H16-10-2]

美容師法に記載されている次の文章の＿＿＿内に入る語句の組合せのうち、正しいものはどれか。

「美容」とは、パーマネントウエーブ、＿A＿、化粧等の方法により、容姿を＿B＿ことをいう。美容師でなければ、＿C＿してはならない。」

```
        A              B              C
（1）洗髪 ――――― 美しくする ―― 美容所の経営を
（2）結髪 ――――― 美しくする ―― 美容を業と
（3）洗髪 ――――― 整える ――― 美容を業と
```

（4）結髪 ─────── 整える ────── 美容所の経営を

美容師試験に関する次の記述のうち、誤っているものはどれか。
（1）美容師試験は、都道府県知事が指定した試験機関が行うこととされている。
（2）美容師試験は、都道府県知事が指定した美容師養成施設において、必要な知識及び技能を修得した者でなければ受けることができない。
（3）美容師試験に合格した者には、指定試験機関から合格したことを証する証書が交付される。
（4）筆記試験または実技試験のいずれかに合格した者は、引き続いて行われる次回の美容師試験に限り、申請することによりその合格した試験は免除される。

美容師の免許に関する次の記述のうち、正しいものの組合せはどれか。
　a 美容師の免許は、美容師試験に合格した者の申請により、美容師名簿に登録した時点からその効力を生じる。
　b 美容師試験に合格しても美容師の免許が与えられない場合がある。
　c 美容師の免許は、一度与えられれば、生涯にわたって有効で取り消されることはない。
　d 美容師免許証を紛失した場合は、免許証の再交付を受けるまでは、美容を業とすることができない。
（1）aとb
（2）bとc
（3）cとd
（4）aとd

Ⅱ部 関係法規・制度及び運営管理

美容師の疾病に関する次の記述のうち、誤っているものはどれか。

(1) 結核、皮膚疾患などの伝染性の疾病にかかっている者には、美容師の免許を与えないことがある。

(2) 美容師が、伝染性の疾病にかかり、その就業が公衆衛生上不適当と認めるときは、業務を停止されることがある。

(3) 美容所の開設者は、従事している美容師が結核に罹患したときは、その旨の届出をしなければならない。

(4) 美容所の開設届には、美容師につき、結核、皮膚疾患その他厚生労働大臣の指定する伝染性疾病の有無に関する医師の診断書を添付しなければならない。

美容の業を行うときに講ずべき措置に関する次の記述のうち、正しいものの組合せはどれか。

a 皮膚に接する器具は、客1人ごとにこれを消毒しなければならない。

b 皮膚に接する器具の消毒など、美容の業を行う場合に講ずべき措置は、開設者に課せられた義務であり、美容師の義務ではない。

c 皮膚に接する布片は、よごれの状況により、数人の客ごとにこれを取りかえなければならない。

d 衛生上必要な措置は、法律で規定されている事項の他に、都道府県が条例で定めることができる。

(1) aとb

(2) bとc

(3) cとd

(4) aとd

美容の業務の停止処分に関する次の記述のうち、正しいものの組合せはどれか。

a 特別の事情がないのに、美容所以外の場所で美容の業をした場合、業務を停止することができる。

b 美容師免許証を紛失したのに美容の業を行った場合、業務を停止することができる。

c 美容師が氏名を変更したが、30日以内に美容師名簿の訂正を申請しなかった場合、業務を停止することができる。

d 美容師法に定められた衛生措置を講じなかった場合、業務を停止することができる。

（1）aとb

（2）bとc

（3）cとd

（4）aとd

美容所の開設に関する次の記述のうち、正しいものはどれか。

（1）美容所の開設者について相続があったときは、相続人はその美容所について新たに開設の届出を行わなければならない。

（2）美容所の開設者となる者は、美容師の免許を受けた者でなければならない。

（3）美容所の開設者は、届出事項を変更するときは、事前に都道府県知事等に届け出なければならない。

（4）美容所の開設の届出書には、美容師につき、結核、皮膚疾患その他厚生労働大臣が指定する伝染性疾病の有無に関する医師の診断書を添付しなければならない。

美容所の変更の届出に関する次の記述のうち、正しいものはどれか。

(1) 美容所の届出事項に変更を生じたときは、すみやかに都道府県知事に届出をしなければならない。

(2) すでに確認を受けている美容所において、施設の建て替えを行ったときは、届出事項の変更を届け出る。

(3) 美容所の届出事項の変更を届け出た場合は、その構造設備が衛生措置を講ずるに適する旨の確認を受けた後でなければ使用できない。

(4) 美容所の変更等の届出は、美容所に従事している美容師が届け出なければならない。

美容所の開設者が講ずべき衛生措置に関する次の記述のうち、誤っているものはどれか。

(1) 洗場は、流水装置とすること。

(2) ふた付きの汚物箱及び毛髪箱を備えること。

(3) 採光及び照明は、美容師が美容のための直接の作業を行う場合の作業面の照度を80ルクス以上とすること。

(4) 換気については、美容所内の空気1リットル中の炭酸ガスの量を5立方センチメートル以下に保つこと。

美容の業務を行う場所に関する次の記述のうち、正しいものはどれか。

(1) 疾病その他の理由により、美容所に来ることができない者に対しては、美容所以外の場所で美容の業を行うことができる。

(2) 婚礼その他の儀式に参列する者に対しては、いつでも美容所以外の場所で美容の業を行うことができる。

(3) 厚生労働省令で定める特別な事情がある場合は、美容所

以外の場所で、美容の業を行うことができる。

(4) 都道府県が美容所以外の場所での美容の業を条例で定めた場合は、厚生労働大臣に届け出る必要がある。

問題 **12**

[H23-23-5]

美容所の立入検査に関する次の記述のうち、正しいものの組合せはどれか。

 a 美容所の開設者は、立入検査を行う者に対して、その身分を示す証明書の提示を求めることができる。

 b 立入検査は、美容所の開設者や美容師が、清潔、採光、換気、消毒など適切な衛生措置を講じているかどうかを検査するために行うものである。

 c 立入検査を正当な理由なく拒んだり、妨げたり、忌避したりしたときは100万円以下の罰金が科せられることがある。

 d 環境衛生監視員は、必要があれば美容所だけでなく、その開設者の住居についても立入検査をすることができる。

(1) a と b

(2) b と c

(3) c と d

(4) a と d

問題 **13**

[H17-11-5]

違反者に対する行政処分に関する次の記述のうち、<u>誤っているもの</u>はどれか。

(1) 都道府県知事は、美容師である従事者の数が常時2人以上である美容所の開設者が、管理美容師を置かないときは、美容所の閉鎖を命ずることができる。

(2) 都道府県知事は、美容師が業務停止処分に違反して、業務停止期間中に美容の業を行ったときは、免許を取り消すことができる。

(3) 都道府県知事は、美容所の開設者が、美容師以外の者にそ

II部 関係法規・制度及び運営管理

の美容所において美容の業を行わせたときは、美容所の閉鎖を命ずることができる。
（4）都道府県知事は、美容所の開設者に対する閉鎖命令をするときは、行政手続法に基づき、処分を受ける者に対して、意見陳述の機会を与えなければならない。

問題 14

[H22-21-5]

次の違法行為のうち、**美容師法の罰金が適用される組合せ**はどれか。

a 美容師が、業務停止処分に違反した場合。
b 美容所の開設者が、美容所において必要な措置を講じなかった場合。
c 美容所の開設者が、虚偽の届出をした場合。
d 届出をした美容所の開設者が、構造設備について都道府県知事の検査及び確認を受けないで美容所を使用した場合。

（1）aとb
（2）bとc
（3）cとd
（4）aとd

問題 15

[H26-28-5]

美容業の関係法規に関する次の記述のうち、**誤っているもの**はどれか。

（1）生活衛生関係営業の運営の適正化及び振興に関する法律は、美容業の振興指針や標準営業約款等について規定している。
（2）地域保健法は、保健所の設置等について規定している。
（3）感染症の予防及び感染症の患者に対する医療に関する法律は、結核を除く全ての感染症の予防及び適切な医療について規定している。
（4）労働基準法は、労働条件について最低基準等を規定して

いる。

問題 **16**

[R2-42-8]

労働基準法に関する次の記述のうち、誤っているものはどれか。

(1) 同居の親族以外の従業者を1人でも使用している美容所は、労働基準法が適用される。

(2) 美容所の使用者は、従業者の意思に反して、労働を強制してはならない。

(3) 美容所の使用者は、契約の際に従業者に賃金、労働時間その他の労働条件を必ずしも明示しなくてもよい。

(4) 美容所の使用者は、従業者に一定の休憩時間や一定の休日を与えなければならない。

問題 **17**

[R3-43-8]

次の税金のうち、顧客から直接預かって後日税務署に納める税金はどれか。

(1) 所得税

(2) 法人税

(3) 消費税

(4) 固定資産税

問題 **18**

[R2-42-9]

公的年金制度に関する次の記述のうち、正しいものはどれか。

(1) 日本国内に居住する20歳以上の者は、すべて厚生年金保険に加入することとなっている。

(2) 国民年金による給付は、老齢基礎年金のみで、障害基礎年金はない。

(3) 老齢基礎年金の給付額は、保険料を納付した期間にかかわらずすべて同額である。

(4) 国民年金の保険料を納めることが困難な場合に対応するため、保険料の免除や納付猶予の制度がある。

問題 19 [R3-43-9]

社会保険に関する次の記述のうち、正しいものはどれか。

（1）法人が経営する美容所の場合、厚生年金保険の適用事業所となるかは法人が自由に選ぶことができる。

（2）雇用されて2か月以上健康保険に加入していた者は、退職後も任意継続の被保険者となることができる。

（3）雇用されて育児休業している期間の医療保険の保険料は免除されない。

（4）自営業者や学生は、国民年金に加入しなくてもよい。

問題 20 [R2-42-10]

次のうち、雇用保険の給付に該当しないものはどれか。

（1）基本手当

（2）療養補償給付

（3）育児休業給付

（4）介護休業給付

問題 21 [R3-43-10]

次の給付のうち、労働者災害補償保険の給付に該当しないものはどれか。

（1）療養補償給付

（2）休業補償給付

（3）遺族補償給付

（4）育児休業給付

Chapter **2**

衛生管理

衛生管理

の過去問題に挑戦しよう

これまで試験に出題された問題からピックアップしています。数多くの問題を解くことで合格の実力を身につけてください。

【公衆衛生・環境衛生】

問題 1
[R3-43-11]

保健所に関する次の記述のうち、正しいものはどれか。
（1）保健所を設置することができるのは、都道府県だけである。
（2）美容所の検査は、保健所の業務ではない。
（3）保健所には医師が配置されることとなっている。
（4）治療方法が確立していない疾病により長期療養を必要とする者の保健に関する事項は、保健所の業務ではない。

問題 2
[R2-41-11]

次の事業のうち、母子保健法に基づく母子保健事業に含まれないものはどれか。
（1）母子健康手帳の交付
（2）妊産婦や乳幼児の健康診査
（3）新生児の訪問指導
（4）児童虐待の捜査

問題 3

[R2-42-11]

わが国の出生に関する次の記述のうち、誤っているものはどれか。

(1) 2015年の出生数は、約100万人である。

(2) 出生率は、人口1,000人に対する出生数の割合である。

(3) 1人の女性が一生の間に産む子どもの数は、2015年では2人以上である。

(4) 2015年の出生数は、1975年の出生数よりも少ない。

問題 4

[H25-28-6]
改題

乳児死亡率に関する次の記述のうち、誤っているものはどれか。

(1) 乳児死亡率は、0歳児についての死亡率である。

(2) 乳児死亡率は、通常、出生1,000人に対する死亡数の値である。

(3) 2020年におけるわが国の乳児死亡率は、10である。

(4) 乳児死亡率は、国や地域の健康水準や生活水準を示す尺度でもある。

問題 5

[R3-43-13]

身体活動・運動に関する次の記述のうち、誤っているものはどれか。

(1) 健康日本21（第2次）に「歩数の増加」の目標が定められている。

(2) 適切な運動や身体活動は、生活習慣病予防に有効である。

(3) 健康を維持するためには、短時間に激しい運動をすることが必要である。

(4) 定期的な運動は、よい睡眠をもたらす。

次の疾病のうち、糖尿病に関連した合併症に該当しないものはどれか。

（1）大腸がん

（2）白内障

（3）心筋梗塞

（4）末梢神経障害

喫煙に関する次の記述のうち、誤っているものはどれか。

（1）受動喫煙は、小児ぜんそくの危険性を増す。

（2）男性の喫煙率は、年々増加の傾向にある。

（3）妊婦の喫煙は、低出生体重児の危険性を増す。

（4）たばこの煙には、発がん物質や発がん促進物質が含まれている。

生活習慣病に関する次の記述のうち、誤っているものはどれか。

（1）従前は成人病とよばれていた。

（2）食習慣、運動習慣、休養などの生活習慣が深く関与している。

（3）関係法令による特定健康診査・特定保健指導の対象者は、50歳以上である。

（4）1981年以降、がんによる死亡率が第1位となっている。

生活習慣病とその対策に関する次の記述のうち、正しいものの組合せはどれか。

　a　脳血管疾患は、生活習慣病である。

　b　喫煙や飲酒は、疾病の発症に関与していない。

　c　男性のがんの部位別死因のトップは、胃がんである。

　d　「健康日本21」（第2次）の目的のひとつは、健康寿命の

延伸である。

(1) a と b
(2) b と c
(3) c と d
(4) a と d

問題 10
[H26-29-8]

予防医学に関する次の記述のうち、誤っているものはどれか。

(1) 早期発見は、第一予防である。
(2) 適度な運動と休養は、第一次予防である。
(3) 早期治療は、第二次予防である。
(4) リハビリテーションは、第三次予防である。

問題 11
[H19-15-7]
改題

「健康日本21」に関する次の記述のうち、誤っているものはどれか。

(1) 21世紀における国民健康づくり運動である。
(2) 第二次予防に重点を置いている。
(3) 目的のひとつは、健康寿命の延伸と健康格差の縮小である。
(4) 生活習慣や生活習慣病について目標を設定している。

問題 12
[H20-17-8]
改題

介護保険制度に関する次の記述のうち、正しいものはどれか。

(1) 介護保険制度が実施されてから30年以上経過している。
(2) 介護保険の運営は、主として国が行っている。
(3) 介護保険の財源は、40歳以上の人からの保険料と公費である。
(4) 介護サービスのうち在宅サービスの利用料は、無料である。

さまざまな環境の要因を物理的環境要因、化学的環境要因、生物学的環境要因、社会的環境要因の4種類に分類する場合、物理的環境要因に含まれるものは次のうちどれか。

(1) 温度
(2) 有毒ガス
(3) 衛生害虫
(4) 経済

人を取り巻く環境要因に関する次の語句の組合せのうち、誤っているものはどれか。

(1) 物理的環境要因 ———————— 振動
(2) 化学的環境要因 ———————— 紫外線
(3) 社会的環境要因 ———————— 経済
(4) 生物学的環境要因 ———————— 衛生害虫

空気中の主な成分を多い順に並べた場合、正しいものはどれか。

(1) 酸素 ＞ 窒素 ＞ アルゴン ＞ 二酸化炭素
(2) 二酸化炭素 ＞ 酸素 ＞ 窒素 ＞ アルゴン
(3) 窒素 ＞ 酸素 ＞ アルゴン ＞ 二酸化炭素
(4) 窒素 ＞ アルゴン ＞ 二酸化炭素 ＞ 酸素

衣服の役割と衣服材料の性質に関する次の組合せのうち、誤っているものはどれか。

(1) 作業能率増進 ——— 抗帯電性
(2) 清潔保持 ——————— 抗菌性
(3) 身体保護 ——————— 耐熱性
(4) 体温調節 ——————— 吸湿性

問題 17

[R2-41-14]

室内の環境に関する次の記述のうち、**誤っているもの**はどれか。

(1) 快適と感じる温度は、温度そのものだけでなく、湿度や気流の影響も受けている。

(2) 美容所の湿度は、相対湿度30％以下が望ましいとされている。

(3) 気流とは空気の流れのことで、一般に0.1 ～ 0.2m ／秒が快適とされている。

(4) 冷房が強いと、体温調節の機能のバランスを失って、冷房病といわれる現象を起こす。

問題 18

[R3-43-14]

住居の衛生に関する次の組合せのうち、**誤っているもの**はどれか。

(1) 自然光 ───────── 採光

(2) 明るさの度合い ── 照度

(3) 機械換気 ───────── 送気式換気法

(4) 暖房 ───────── 気化熱の利用

問題 19

[R3-43-15]

換気に関する次の文章の[　　　]内に入る語句の組合せのうち、正しいものはどれか。

「狭い室内に多くの人がいると、呼吸による水蒸気や[A]によって、室内の空気が汚染される。また、ガスや石油の燃焼による暖房は、[B]を排出し、不快感や酸素不足を起こす可能性がある。」

	A	B
(1)	二酸化炭素	窒素ガス
(2)	二酸化炭素	二酸化炭素ガス
(3)	窒素	窒素ガス
(4)	窒素	二酸化炭素ガス

水道に関する次の記述のうち、誤っているものはどれか。

（1）人が飲む水である上水には、健康に悪影響がないこと、使用上、不便のないこと、おいしいことなどが求められる。

（2）水道法に基づく水質基準により、水質の適・不適を判断する。

（3）浄化槽とは、河川水を浄化して上水を得るための施設のことである。

（4）高層建築物に作られている水槽が汚染されて、藻類が発生して異臭を出すことがある。

【感染症】

ウイルスに関する次の記述のうち、正しいものはどれか。

（1）芽胞を形成するウイルスがある。

（2）ワクチン製造に用いられるウイルスがある。

（3）人工培地で発育するウイルスがある。

（4）DNA と RNA 両方の核酸をもっているウイルスがある。

「感染症の予防及び感染症の患者に対する医療に関する法律」による感染症の分類に関する次の組合せのうち、正しいものはどれか。

（1）インフルエンザ —————————— 一類感染症

（2）ペスト ———————————————— 二類感染症

（3）腸管出血性大腸菌感染症 ——— 三類感染症

（4）細菌性赤痢 ————————————— 四類感染症

問題 23

[R3-43-16]

感染症法において、美容師が感染した場合、就業制限の対象となる感染症は、次のうちどれか。

(1) 結核
(2) 麻しん
(3) 破傷風
(4) A型肝炎

問題 24

[R2-41-17]

感染症と感染経路に関する次の記述のうち、誤っているものはどれか。

(1) A型肝炎は、血液を介して感染する。
(2) マラリアは、蚊を介して感染する。
(3) 破傷風は、土壌を介して感染する。
(4) 百日せきは、飛沫を介して感染する。

問題 25

[R2-42-16]

次の感染症のうち、性行為によって感染するものはどれか。

(1) B型肝炎
(2) 日本脳炎
(3) コレラ
(4) マラリア

問題 26

[R3-43-17]

次の感染症のうち、主として飛沫感染するものはどれか。

(1) 急性灰白髄炎（ポリオ）
(2) インフルエンザ
(3) 後天性免疫不全症候群（エイズ）
(4) 日本脳炎

問題 27

[H25-28-11]

次の感染症のうち、飛沫感染するものはどれか。

(1) 日本脳炎
(2) コレラ
(3) 麻しん
(4) 後天性免疫不全症候群（エイズ）

問題 28

[H16-9-11]

下記の微生物のうち、最も小さいものはどれか。

(1) ウイルス
(2) リケッチア
(3) クラミジア
(4) 細菌

問題 29

[H17-12-11]

次の感染症のうち、リケッチアを病原体とするものはどれか。

(1) 麻しん
(2) ツツガムシ病
(3) ジフテリア
(4) マラリア

問題 30

[H19-15-15]

次の感染のうち、細菌によるものはどれか。

(1) インフルエンザ
(2) トラコーマ
(3) 破傷風
(4) ツツガムシ病

問題 31

[H20-17-13]

感染症に関する次の記述のうち、<u>誤っているもの</u>はどれか。

(1) コレラ及び細菌性赤痢は、病原体に汚染された飲食物を摂取することによって感染する。
(2) B型肝炎は、病原体を保有する血液の輸血等によって感染する。

（3）マラリア及び日本脳炎は、病原体を保有する節足動物から感染する。

（4）梅毒及びＣ型肝炎は病原体に汚染された飲食物を摂取することにより感染する。

問題 **32** [H20-17-14]

細菌に対する環境の影響に関する記述のうち、正しいものはどれか。

（1）細菌によっては、発育、増殖に水分が必要でないものもある。

（2）細菌の発育、増殖の過程では、温度による影響が大きい。

（3）細菌の芽胞は、熱や乾燥に弱い。

（4）すべての細菌は、発育、増殖のために酸素が必要である。

問題 **33** [H26-29-11]

微生物の増殖に関する次の記述のうち、正しいものはどれか。

（1）細菌の増殖には、酸素が不可欠である。

（2）細菌の増殖に、紫外線は有害である。

（3）ウイルスの増殖は、２分裂で行われる。

（4）ウイルスの増殖には、有機物の栄養源が不可欠である。

問題 **34** [R3-43-18]

芽胞に関する次の記述のうち、正しいものはどれか。

（1）ウイルスは芽胞を作る。

（2）芽胞は熱や乾燥に強い。

（3）結核菌は芽胞を作る。

（4）細菌は芽胞を作ると栄養型になる。

問題 **35** [H17-12-12]

ウイルスに感染された宿主が、長期間にわたりウイルスと共存し続けている状態は、次のうちどれか。

（1）日和見感染

（2）持続性感染

（3）不顕性感染

（4）垂直感染

問題36 [R2-41-20]

次の感染症とその潜伏期間に関する組合せのうち、正しいものはどれか。

（1）Ｂ型肝炎 ———————————— 約３日から７日

（2）後天性免疫不全症候群（エイズ）—— 約７日から10日

（3）風しん ——————————————— 約14日から21日

（4）腸管出血性大腸菌感染症 ————— 約１か月から６か月

問題37 [R2-42-18]

感染症予防の３原則に関する次の記述のうち、感染経路対策に該当しないものはどれか。

（1）学校（学級）の閉鎖

（2）野菜類の十分な洗浄

（3）ネズミ族、昆虫等の駆除

（4）患者の入院治療

問題38 [R2-41-18]

感染症予防の３原則に関する次の記述のうち、誤っているものはどれか。

（1）学校（学級）閉鎖は、感染経路対策である。

（2）ネズミや昆虫の駆除は、感染源対策である。

（3）予防接種は、宿主の感受性に関する対策である。

（4）検疫は、感染源対策である。

問題39 [H16-9-14] 改題

腸管出血性大腸菌感染症に関する次の記述のうち、正しいものはどれか。

（1）熱に強く、加熱によっては死滅しない。

（2）ベロ毒素を出さない大腸菌である。

（3）感染症法の三類感染症である。

（4）感染経路は、空気感染である。

問題40 [R2-42-20]

O157による腸管出血性大腸菌感染症に関する次の記述のうち、誤っているものはどれか。
（1）感染経路は、飲食物等を介しての経口感染である。
（2）病原体は、熱に対して弱い。
（3）潜伏期は、約30日である。
（4）病原体は、ベロ毒素を出すのが特徴である。

問題41 [H11-1-20]

インフルエンザに関する次の記述のうち、正しいものはどれか。
（1）慢性伝染病である。
（2）病原体はウイルスである。
（3）消化器系伝染病である。
（4）患者は一年中平均して発生している。

II 部　衛生管理

問題42 [H21-19-14]

感染症法の三類感染症である腸管出血性大腸菌感染症に対する規制に関する次の記述のうち、誤っているものはどれか。
（1）原則入院となる。
（2）就業禁止となることがある。
（3）診断をした医師は届け出る必要がある。
（4）疑似症には規制が及ぶことはない。

問題43 [H18-14-13]

感染症に関する次の記述のうち、正しいものはどれか。
（1）百日せきは、10月から2月にかけて多く発生する。
（2）コプリック斑は、風しんの特徴的な症状である。
（3）B型肝炎は、かつて流行性肝炎とよばれていた。
（4）使用後のかみそりの適切な消毒は、エイズの予防に有効である。

麻しんに関する次の記述のうち、誤っているものはどれか。
（1）予防接種法により定期の予防接種が行われている。
（2）主な感染経路は、接触感染である。
（3）病原体は、ウイルスである。
（4）感染力が非常に強い。

麻しんに関する次の記述のうち、誤っているものはどれか。
（1）別名、はしかともいう。
（2）感染力は非常に弱い。
（3）全身に小さな発疹ができる。
（4）定期予防接種が実施されている。

結核に関する次の記述のうち、誤っているものはどれか。
（1）学校、事業所などで集団発生する傾向がある。
（2）微熱、寝汗、長く続くせきや痰たんなどが早期症状として現れる。
（3）近年のわが国における死亡率のピークは青年期にある。
（4）予防接種は BCG ワクチンによる。

Ｂ型肝炎に関する次の記述のうち、誤っているものはどれか。
（1）潜伏期は、１〜６か月である。
（2）病原体は、Ｂ型肝炎ウイルスである。
（3）感染源は、ヒトの血液や体液である。
（4）予防のためのワクチンはない。

ウイルス性肝炎に関する次の記述のうち、誤っているものはどれか。
（1）Ａ型肝炎は、経口感染が主な感染経路である。
（2）Ｂ型肝炎は、ワクチン投与による予防ができない。

（3）C型肝炎は、輸血が主な感染経路である。

（4）ウイルス肝炎の主な症状は、全身のだるさ、食欲低下、吐き気、黄疸などである。

後天性免疫不全症候群（エイズ）に関する次の記述のうち、正しいものの組合せはどれか。

a 感染症法の五類感染症である。

b 潜伏期間は、5 ～ 7日である。

c 予防対策として予防接種が有効である。

d 病原体はウイルスであり、主に感染者との性的接触や血液を介して感染する。

（1）aとb

（2）bとc

（3）cとd

（4）aとd

【衛生管理技術】

次の記述のうち、正しいものの組合せはどれか。

a 生きているあらゆる微生物を殺したり除去したりして、無菌の状態を作り出すことを消毒という。

b 生きている病原となりうる微生物を殺したり除去したりして、感染力を失わせることを滅菌という。

c 生きているあらゆる微生物を殺したり除去したりして、無菌の状態を作り出すことを滅菌という。

d 生きている病原となりうる微生物を殺したり除去したりして、感染力を失わせることを消毒という。

（1）aとb

（2）bとc

（3）cとd

（4）aとd

問題**51**

[R2-41-22]

消毒・殺菌に関する次の記述のうち、誤っているものはどれか。

（1）加熱殺菌には乾熱と湿熱があるが、乾熱の方が殺菌されやすい。

（2）化学的消毒法による殺菌効果の3要素は、温度、時間、濃度である。

（3）蒸気消毒と煮沸消毒を比較したとき、蒸気消毒は煮沸消毒より時間がかかる。

（4）消毒薬の殺菌作用は一種の化学反応であって、乾燥した状態では反応が進行しにくい。

問題**52**

[H18-13-17]

消毒薬を含ませたガーゼもしくは綿で器具の表面を拭う方法が認められている消毒薬は次のうちどれか。

（1）グルコン酸クロルヘキシジン

（2）両性界面活性剤

（3）エタノール

（4）逆性石けん

問題**53**

[H20-17-17]

消毒液の使用と保存に関する次の記述のうち、正しいものはどれか。

（1）使用中の逆性石けん液は、7日ごとに交換しなければならない。

（2）次亜塩素酸ナトリウム液は、原則として冷暗所（15℃以下）に保存する。

（3）常に使うものであるから、誰にでも手の届く場所に置くように心がける。

（4）使用液は、予め希釈調製して保存する。

問題 54

[H26-29-17]

消毒薬使用液（希釈液）の交換時期に関する次の記述のうち、正しいものの組合せはどれか。

a 0.05%グルコン酸クロルヘキシジン水溶液は、毎日取り替えなければならない。

b 0.1%逆性石けん水溶液は、汚れの程度により7日以内に取り替えなければならない。

c 0.01%次亜塩素酸ナトリウム水溶液は、毎日交換するが、0.1%水溶液は7日以内に取り替えなければならない。

d 76.9～81.4%エタノール水溶液は、蒸発や汚れの程度により7日以内に取り替えなければならない。

(1) aとb

(2) bとc

(3) cとd

(4) aとd

問題 55

[H23-23-16]

消毒法に関する次の記述のうち、正しいものの組合せはどれか。

a 消毒薬の殺菌作用は、乾燥した状態の方が速く進行する。

b 煮沸消毒よりも蒸気消毒の方が、消毒時間は長い。

c 消毒薬は、濃度が濃くなれば殺菌力も強くなるが、副作用も強くなる。

d 熱を利用した消毒では、湿熱よりも乾熱のほうが殺菌効果がよい。

(1) aとb

(2) bとc

(3) cとd

(4) aとd

問題56 [H17-11-18]

アルコール類（エタノール）の特徴に関する次の記述のうち、**誤っているもの**はどれか。

(1) エタノールは、通常、76.9〜81.4vol%で使用され、多くの細菌やウイルスなどに比較的短時間で効果がある。

(2) エタノールは、無色透明で揮発性があり、焼くような味と特異臭がある。

(3) アルコール類（エタノール）は、他の消毒薬と反応しやすいので、いろいろな消毒薬と混用することはできない。

(4) アルコール類（エタノール）の殺菌作用は、タンパク質の変化と酵素阻害であるといわれている。

問題57 [H17-12-17]

消毒薬とその特徴に関する次の組合せのうち、正しいものはどれか。

(1) 次亜塩素酸ナトリウム —— 光分解しやすい

(2) エタノール ———————— 濃度変化を起こしにくい

(3) 逆性石けん ———————— 臭気が強い

(4) グルコン酸クロルヘキシジン

　　　　　　　　　　—————— プラスチックやゴムを劣化させる

問題58 [H18-13-18]

消毒法と作用時間の次の組合せのうち、正しいものはどれか。

(1) 煮沸消毒 ———————— 1分間以上

(2) 紫外線消毒 ——————— 10分間以上

(3) 逆性石けん消毒 ————— 2分間以上

(4) 次亜塩素酸ナトリウム消毒 —— 10分間以上

問題59 [H18-14-18]

消毒薬の特徴及び消毒法に関する次の記述のうち、正しいものの組合せはどれか。

　a 次亜塩素酸ナトリウムは、殺菌作用、漂白作用と同時に防臭作用がある。

b　消毒用エタノールは、結核菌、ウイルス及び芽胞を形成
　　　している細菌を殺す作用がある。
　c　逆性石けんや両性界面活性剤は、ほとんど無臭で毒性が
　　　弱いが、ウイルスや結核菌に対して殺菌効果を有する。
　d　グルコン酸クロルヘキシジンは、0.05％以上の水溶液に
　　　器具を10分間以上浸す方法が規定されている。
（1）　aとb
（2）　bとc
（3）　cとd
（4）　aとd

問題 **60**

[H26-29-18]

消毒薬の特徴に関する次の記述のうち、正しいものはどれか。
（1）エタノールは、結核菌をはじめ栄養型の細菌やウイルス
　　　だけではなく、芽胞のある細菌にも効果がある。
（2）逆性石けんは、普通の石けんと混合しても効果は低下し
　　　ないが、結核菌には効果がない。
（3）グルコン酸クロルヘキシジンは、栄養型の細菌には幅広
　　　い効果が見られるものの、芽胞や結核菌には効果がない。
（4）次亜塩素酸ナトリウムは、栄養型の細菌だけではなく、
　　　ウイルスにも効果があり、濃度変化を起こしにくい。

問題 **61**

[H22-21-16]

**殺菌効果に関する次の文章の　　　　内に入る消毒薬の組合せ
のうち、正しいものはどれか。**
「結核菌に対して　A　や　B　は効果がないが、　C　は
効果がある。また、　A　はウイルスを不活性化するが、
　B　と　C　は効果がない。」
　　　　　　　　　　　　A　　　　　　　　B　　　　　　　　C
（1）エタノール───────グルコン酸クロルヘキシジン‐逆性石けん
（2）次亜塩素酸ナトリウム‐逆性石けん───両性界面活性剤

（3）グルコン酸クロルヘキシジン―両性界面活性剤 ── エタノール

（4）次亜塩素酸ナトリウム ─ エタノール ─────── グルコン酸クロルヘキシジン

紫外線消毒に関する次の記述のうち、正しいものの組合せはどれか。

　a　紫外線消毒では1平方センチメートル（cm²）当たり、85マイクロワット以上の紫外線を20分間以上照射しなければならない。

　b　紫外線は目や皮膚にも有害であるが、あらゆる微生物に対して有効である。

　c　紫外線は反射板で乱反射するので、被消毒物件を重ねて置いても消毒できる。

　d　紫外線は短い波長の光であるから、たたんだタオルやケープの中まで到達するので消毒することができる。

（1）aとb

（2）bとc

（3）cとd

（4）aとd

次の器具のうち、紫外線消毒法が適用できないものはどれか。

（1）タオル

（2）クリッパー

（3）カット用レザー

（4）シザーズ

理学的消毒法に関する次の記述のうち、正しいものの組み合わせはどれか。

　a　紫外線では、真菌（カビ）や芽胞に対する殺菌効果は期待できない。

b 蒸気消毒用タオル蒸し器内の水蒸気圧力は、1気圧より
　も低くなる。

c 蒸気消毒は、血液が付着したかあるいは付着した疑いの
　ある器具の消毒には適用できない。

d 煮沸消毒では、栄養型の細菌やウイルスを短時間で死滅
　できるが、2分程度の煮沸では芽胞を不活性化できない。

（1）aとb

（2）bとc

（3）cとd

（4）aとd

問題 65

[H22-22-16]

血液が付着した疑いのある器具を消毒する方法のうち、正しいものの組合せはどれか。

a 0.1％以上の次亜塩素酸ナトリウム水溶液に10分以上つける。

b 80℃を超える水蒸気に10分間以上さらす。

c 1cm^{2}当たり80マイクロワット以上の紫外線を20分間以上照射する。

d 沸騰水中で2分間以上煮沸する。

（1）aとb

（2）bとc

（3）cとd

（4）aとd

問題 66

[H22-22-18]

消毒法に関する次の記述のうち、正しいものはどれか。

（1）次亜塩素酸ナトリウム消毒は、有機物（汚れ）による濃度変化を起こしにくく、結核菌も殺菌できる。

（2）エタノール消毒は、濃度変化を起こしにくいが、結核菌には効果がない。

（3）紫外線消毒は、あらゆる微生物に効果があり、被消毒物の内部まで作用する。

（4）蒸気消毒は、被消毒物の温度が80℃以上になってから、10分間以上作用させる。

問題 67

[H22-22-17]

器具の消毒をする際の一般的な注意事項に関する次の記述のうち、正しいものはどれか。

（1）消毒効果が確実であれば、被消毒物の材質は問わない。

（2）すべての消毒薬の使用液（希釈液）は、毎日作りかえなければならない。

（3）美容師法施行規則に定められた方法で行う。

（4）消毒薬の使用液（希釈液）は、一度にたくさん作り、使用する都度、小分けする。

問題 68

[H19-15-17]

理容所・美容所に常備しておくとよい消毒薬の濃度について、正しいものの組合せはどれか。

　　a 血液が付着した、あるいはその疑いのある器具の消毒には、次亜塩素酸ナトリウムを0.01％以上の濃度で使用する。

　　b エタノールは、76.9～81.4％の濃度で使用する。

　　c 血液が付着していない器具や手指の消毒には、グルコン酸クロルヘキシジンを0.05％以上の濃度で使用する。

　　d 血液の付着していない器具や手指の消毒には、逆性石けんを0.05％以上の濃度で使用する。

（1）aとb

（2）bとc

（3）cとd

（4）aとd

問題 69

[H17-11-16]
改題

プラスチック、ゴム、木、べっこうなどの製品（器具）を消毒する際に、**不適切な方法**はどれか。
（1）逆性石けんによる消毒
（2）グルコン酸クロルヘキシジンによる消毒
（3）両性界面活性剤による消毒
（4）煮沸による消毒

問題 70

[R3-43-23]

消毒に関する次の記述のうち、**誤っているもの**はどれか。
（1）希釈した逆性石けんは、７日ごとに取り換える。
（2）エタノールは蒸発しやすいので、ガーゼに含ませて清拭する方法では、長時間作用させることは難しい。
（3）次亜塩素酸ナトリウムによる消毒は、温度により効果が異なる。
（4）紫外線消毒器の紫外線ランプは、2,000 ～ 3,000時間の照射で出力が低下する。

問題 71

[R3-43-25]

消毒薬の希釈や器具の使い方に関する次の記述のうち、正しいものの組合せはどれか。
　a 消毒薬の希釈倍数（倍）は、溶液量を溶質量で割った値である。
　b 薬品の臭いを嗅ぐときは、手のひらで容器の口をあおぎ、鼻のほうへ流れてくる気体を嗅ぐ。
　c メスシリンダーの読み方は、目を液面の高さに合わせ、真横から液面の高いほうを読む。
　d 薬品は、容器のラベルの反対側をもって注ぐ。
（1）aとb
（2）bとc
（3）cとd
（4）aとd

消毒薬使用液（希釈液）の調整に関する次の文章の＿＿＿＿内に入る数字の組合せのうち、正しいものはどれか。

「微赤桃色に着色された　A　％グルコン酸クロルヘキシジン製剤を用いて、規則で規定している0.05％の使用液を１ℓ調製する場合の計算量は、製剤　B　mℓと水　C　mℓである。」

	A	B	C
(1)	5	5	995
(2)	5	10	990
(3)	20	15	985
(4)	20	20	980

消毒薬使用液の調製に関する次の文章の＿＿＿＿内に入る数字の組合せのうち、正しいものはどれか。

「グルコン酸クロルヘキシジンを５％含有する市販製剤（消毒薬）を用いて、0.05％の水溶液を作るには、市販製剤　A　mℓを、水　B　mℓで希釈すればよい。」

	A	B
(1)	1	999
(2)	5	995
(3)	10	990
(4)	15	985

5vol％次亜塩素酸ナトリウム製剤を用いて、血液が付着したタオルを消毒する場合の0.1vol％使用液2ℓを調整するのに必要な水の量は、次のうちどれか。

(1) 1,996mℓ

(2) 1,990mℓ

(3) 1,980mℓ

(4) 1,960mℓ

[H21-19-20]

問題75

消毒薬使用液（希釈液）の調整法に関する次の記述のうち、正しいものの組合せはどれか。

a 0.1％次亜塩素酸ナトリウムに水溶液1,000mℓを作製するためには、5％次亜塩素酸ナトリウム製剤20mℓに水980mℓを加える。

b 10％逆性石けん製剤10mℓに水990mℓを加えて作製した液は、0.1％逆性石けん水溶液である。

c 0.2％グルコン酸クロルヘキシジン水溶液500mℓを作製するためには、20％グルコン酸クロルヘキシジン製剤10mℓに水490mℓを加える。

d 10％両性界面活性剤5mℓに水495mℓを加えて作製した液は、0.2％両性界面活性剤水溶液である。

(1) aとb
(2) bとc
(3) cとd
(4) aとd

[H21-20-20]

問題76

消毒液使用液（希釈液）の調整法に関する次の記述のうち、正しいものはどれか。

(1) 5％次亜塩素酸ナトリウム製剤を50倍に希釈した液は、0.1％次亜塩素酸ナトリウム水溶液である。

(2) 0.1％逆性石けん水溶液は、10％逆性石けん製剤を50倍に希釈したものである。

(3) 5％グルコン酸クロルヘキシジン製剤を50倍に希釈した液は、0.05％グルコン酸クロルヘキシジン水溶液である。

(4) 0.1％両性界面活性剤水溶液は、15％両性界面活性剤製剤を50倍に希釈したものである。

Chapter **3**

保健

保健
の過去問題に挑戦しよう

これまで試験に出題された問題からピックアップしています。数多くの問題を解くことで合格の実力を身につけてください。

【人体の構造及び機能】

問題 1

[R2-41-26]

顔部を構成するオトガイの説明として、正しいものはどれか。
（1）左右の内眼角（目頭）の間
（2）眉間の上の部分
（3）鼻の先端部分
（4）下顎の先端部分

問題 2

[H17-11-21]

顔の部位の名称に関する次の記述のうち、正しいものはどれか。
（1）眉は眼球の表面をおおっている皮膚のひだで、眼球を保護している。
（2）鼻尖の両側には外鼻孔を外側からおおう鼻翼がある。
（3）上唇の正中線を上下に走る溝を鼻唇溝とよび、笑うと強く現れる。
（4）口裂は上下の口唇の間に囲まれた空間のことであり、口角ともいう。

問題 3

[H21-20-22]

骨格器系に関する次の記述のうち、**誤っているもの**はどれか。

（1）骨の表面は、骨膜で包まれている。

（2）骨の主成分は、リン酸カルシウムである。

（3）ハヴァース管には、血管や神経が通る。

（4）黄色骨髄では、赤血球などの血液細胞がつくられる。

問題 4

[H16-9-25]

次のうち、新生児にはあるが、成人にはないものはどれか。

（1）大泉門

（2）胸骨

（3）仙骨

（4）外肋間筋

問題 5

[H18-14-22]

次の骨の構造のうち、造血作用を持つのはどれか。

（1）黄色骨髄

（2）赤色骨髄

（3）骨膜

（4）緻密質

問題 6

[R2-42-26]

関節とその運動範囲に関する次の組合せのうち、正しいものはどれか。

（1）鞍関節 ——— １方向だけに運動できる。

（2）蝶番関節 —— ２方向だけに運動できる。

（3）車軸関節 ——— ３方向だけに運動できる。

（4）球関節 ——— 広い範囲で自由に運動できる。

問題 7

[R2-41-28]

次の筋とその働きの関係を示す組合せのうち、**誤っているもの**はどれか。

（1）頬筋 ——— 唇を横に伸ばす

（2）笑筋 ——— えくぼをつくる

（3）眼輪筋 ── 目を開く
（4）口輪筋 ── 唇を閉じる

問題8
[R2-42-27]

次の筋のうち、表情筋（顔面筋）に<u>含まれないもの</u>はどれか。
（1）眼輪筋
（2）口輪筋
（3）咬^{こう}筋
（4）鼻筋

問題9
[R2-41-29]

次の眼球の部分のうち、光を感じる細胞があるものはどれか。
（1）角膜
（2）網膜
（3）水晶体
（4）眼球結膜

問題10
[R3-43-28]

次の耳の器官のうち、平衡器官はどれか。
（1）耳小骨
（2）蝸牛^{かぎゅう}
（3）半規管
（4）耳管

問題11
[R2-42-28]

神経系の分類で、中枢神経系に<u>含まれないもの</u>はどれか。
（1）脳神経
（2）延髄
（3）大脳
（4）脊髄

問題12 [H12-1-25]

交感神経の作用について、<u>誤っているもの</u>はどれか。
（1）脈拍の増加
（2）瞳孔の散大
（3）気管支の拡張
（4）顔面皮膚血管の拡張

問題13 [R2-42-29]

次の記述のうち、交感神経が優位なときの反応として正しいものはどれか。
（1）唾液は希薄で多量に分泌する。
（2）気管支は収縮する。
（3）瞳孔は縮小する。
（4）心拍数は増加する。

問題14 [R3-43-26]

腕を動かすとき、中枢神経系からの指令を骨格筋に伝える神経は、次のうちどれか。
（1）運動神経
（2）知覚神経
（3）交感神経
（4）副交感神経

問題15 [R3-43-27]

交感神経が優位に機能したときの臓器と反応に関する次の組合せのうち、正しいものはどれか。
（1）心臓 ―――― 心拍数減少
（2）唾液腺 ―― 唾液の希薄・多量
（3）気管支 ―― 収縮
（4）眼 ――――― 瞳孔の散大

Ⅱ部
保健

問題 16

[H26-29-22]

血液に関する次の記述のうち、正しいものはどれか。

（1）必要な物質を細胞に送り、不要な物質を運び去る役割を持つ。

（2）体重の約20％を占めている。

（3）細胞成分はなく、すべて液体成分である。

（4）血管から出ると固まり、これを血清という。

問題 17

[H16-10-25]

吸息時に空気が通る順番として、正しいものはどれか。

（1）鼻腔 → 喉頭 → 咽頭 → 気管 → 気管支

（2）鼻腔 → 咽頭 → 喉頭 → 気管 → 気管支

（3）鼻腔 → 喉頭 → 気管支 → 咽頭 → 気管

（4）鼻腔 → 咽頭 → 気管支 → 喉頭 → 気管

問題 18

[H23-23-25]

循環に関する次の記述のうち、誤っているものはどれか。

（1）細動脈と細静脈をつなぐ細い血管は、毛細血管である。

（2）肺循環は、小循環ともよばれる。

（3）肺動脈には、静脈血が流れている。

（4）心臓の右心室から出た血液が、左心房に戻るまでの経路を大循環という。

問題 19

[R2-41-30]

右心室の次に血液が流れる血管はどれか。

（1）大静脈

（2）肺静脈

（3）大動脈

（4）肺動脈

問題20 [R2-42-30]

血球成分に関する次の記述のうち、正しいものはどれか。
(1) 好中球は主に血液凝固に関わる。
(2) 好塩基球は主に食作用に関わる。
(3) リンパ球は主に免疫反応に関わる。
(4) 単球は主に即時型アレルギー反応に関わる。

問題21 [R3-43-29]

次のうち、リンパ球の機能として正しいものはどれか。
(1) 酸素の運搬
(2) 二酸化炭素の運搬
(3) 免疫反応
(4) 血液凝固

問題22 [R3-43-30]

次の臓器のうち、血液の小循環の経路に含まれるものはどれか。
(1) 脳
(2) 肺
(3) 肝臓
(4) 筋肉

問題23 [H16-9-25]

肝臓に関する次の記述のうち、誤っているものはどれか。
(1) 解毒作用がある。
(2) アルコールを分解する作用がある。
(3) 胆汁を生成する作用がある。
(4) 糖をブドウ糖として蓄える作用がある。

問題24 [H18-14-24]

化学的消化に関する次の語句の組合せのうち、誤っているものはどれか。
(1) 唾液腺 ——— プチアリン ——— デンプン
(2) 胃腺 ——— ペプシン ——— タンパク質

（3）膵臓 ──── トリプシン ──── 脂肪
（4）腸腺 ──── マルターゼ ──── 麦芽糖

問題 25

[H20-17-24]

次の酵素のうち、膵液（すい）に含まれないものはどれか。
（1）アミラーゼ
（2）トリプシン
（3）ステアプシン
（4）ペプシン

【皮膚科学】

問題 26

[H16-9-26]

皮膚の構造に関する次の記述のうち、正しいものはどれか。
（1）皮膚は、表皮、真皮、皮下組織の3つの層からできている。
（2）真皮に最も多く存在する成分は、弾性線維である。
（3）皮膚の色の黒さは、主に基底細胞で作られるケラチンの量の多寡によっている。
（4）表皮と真皮の境界の断面は、直線状になっている。

問題 27

[H17-12-26]
改題

皮膚の構造に関する次の記述のうち、誤っているものはどれか。
（1）皮膚は、表皮、真皮、皮下組織の3つの層からできている。
（2）角化細胞（ケラチノサイト）は、表面より角質層、基底層、有棘層、顆粒層からなる。
（3）表皮には、免疫に関与する細胞が存在している。
（4）角質層を形成する成分は、ケラチンというタンパク質である。

問題 28

[H21-19-26]

皮膚及び皮膚付属器官の構造に関する次のうち、<u>誤っているもの</u>はどれか。

（1）角化細胞（ケラチノサイト）は、表皮内に存在する。

（2）色素細胞（メラノサイト）は、表皮基底細胞間に存在する。

（3）膠原線維は、角質層内に存在する。

（4）弾性線維は、真皮内に存在する。

問題 29

[H21-20-26]

皮膚及び皮膚付属器官に関する次の記述のうち、<u>誤っているもの</u>はどれか。

（1）角化細胞（ケラチノサイト）は、角質層をつくる。

（2）色素細胞（メラノサイト）は、メラニン色素をつくる。

（3）肥満細胞は、皮下脂肪をつくる。

（4）ランゲルハンス細胞は免疫に関与する。

問題 30

[H25-28-27]

皮膚と皮膚付属器官の構造に関する次の記述のうち、<u>誤っているもの</u>はどれか。

（1）頭毛は、成長期が長く、休止期が短いのが特徴である。

（2）脂腺は、短い排出管をもって毛包に開口している分泌腺である。

（3）爪の縦溝は、高齢になるにつれて著しくなる。

（4）アポクリン腺は、手掌と足底に最も多く分布する。

問題 31

[H16-9-27]

毛に関する次の記述のうち、正しいものはどれか。

（1）毛の主な部分をなしているのは、毛髄質である。

（2）頭毛は、成長期が短く休止期が長い。

（3）老年男性では、老化とともに眉毛が短くなる。

（4）人間では、1本の毛ごとに、それぞれ独立して成長周期を繰り返している。

爪に関する次の記述のうち、正しいものはどれか。

（1）爪の主な成分は、カルシウムである。

（2）爪は、水分や脂肪分のない組織である。

（3）爪母（そうぼ）は、爪の基部にある。

（4）爪の縦溝は、高齢になるにつれて平坦化する。

毛に関する次の記述のうち、正しいものはどれか。

（1）成人の平均的な頭毛数は、約1万本である。

（2）頭毛の太さは、約0.3mmである。

（3）毛はコラーゲンというタンパク質からなる。

（4）毛根の外側を鞘（さや）のようにして包んでいる組織を毛包（毛囊（もうのう））とよぶ。

皮膚付属器官の構造に関する次の記述のうち、正しいものはどれか。

（1）爪には、成長期、退行期、休止期という成長周期がある。

（2）アポクリン腺は、手掌、足底に多い。

（3）毛は、皮膚表面に出ている部分を毛幹、皮膚の内部にある部分を毛根という。

（4）日本人の頭毛が黒いのは、褐色のエラスチンの量が多いためである。

皮膚及び皮膚付属器官の老化に関する次の記述のうち、誤っているものはどれか。

（1）表皮が厚くなる。

（2）弾性線維が変化して、しわが増える。

（3）皮脂の分泌が減少して、皮膚が乾燥する。

（4）爪は乾燥してかたくなり、縦溝が生じる。

問題36

[H23-23-28]
改題

皮膚と皮膚付属器官の生理機能に関する次の記述のうち、正しいものはどれか。

（1）脂肪膜（皮脂膜）は、通常、弱酸性を示し、外部からのアルカリを中和したり、毒性を弱める作用がある。

（2）成人で1日に分泌される皮脂の量は、上肢及び下肢の末梢部が最も多い。

（3）経皮吸収には、真皮経路と皮下組織経路の2つの経路がある。

（4）爪は、爪母が保存されていても、はがれると再生しない。

問題37

[H19-15-27]

皮膚及び付属器の生理機能に関する次の記述のうち、誤っているものはどれか。

（1）ビタミンDは、紫外線が表皮にあたってつくられる。

（2）紫外線を受けて色素沈着を生じるのは、メラニンによる。

（3）正常皮膚は、弱アルカリ性に保たれている。

（4）皮脂の分泌量は、頭部、特に額部が最も多い。

問題38

[H12-1-30]
改題

汗に関する次の記述のうち、正しいものの組合せはどれか。

a 夏の暑いときにみられる温熱性発汗は、一定の時間が経ってはじめて発汗が起きる。

b 興奮したときや緊張したときにみられる精神性発汗は、突発的にすぐ発汗が起きる。

c 味覚性発汗とは、辛いものや甘いものを食べたとき、額、鼻から口のまわりに発汗することをいう。

d 汗の分泌のおもな目的は、皮膚の対外保護作用である。

（1）aとb

（2）bとc

（3）cとd

（4）aとd

問題**39**

[H22-**22**-29]

皮膚及び皮膚付属器官の保健に関する次の記述のうち、誤っているものはどれか。

（1）あぶら性の皮膚では、皮脂の分泌が正常以上に高まっている。

（2）皮膚のしわは、真皮が萎縮して薄くなり、膠原線維が変化してできる。

（3）油性のふけ症の人は、よくシャンプーして汚れやふけを落とすことが大切である。

（4）日光の影響により皮膚は老化が早まり、きめが粗くなり、しわが深くなる。

問題**40**

[H17-**11**-29]

皮膚疾患に関する次の記述のうち、正しいものはどれか。

（1）疣贅（イボ）には、ウイルス性のものがある。

（2）染毛剤で1度カブレを起こした人は、2倍に薄めて使用するとよい。

（3）帯状疱疹（帯状ヘルペス）の主な原因は、白癬菌である。

（4）円形脱毛症は、1度なおると2度とかからない。

問題**41**

[H12-**1**-28]

接触皮膚炎（カブレ）に関する次の記述のうち、誤っているものはどれか。

（1）刺激物質の濃度が高ければ高いほど、カブレの症状が強い。

（2）アレルギー性のカブレを起こした白髪染め（染毛剤）は、薄めて使用すればよい。

（3）一度かぶれた場合の予防で重要なことは、その原因物質にふれないようにすることである。

（4）カブレの原因を発見するには、皮膚貼付試験（パッチテスト）が行われる。

問題 42

[H20-17-29]

染毛剤（白髪染）による接触皮膚炎（カブレ）に関する次の記述のうち、誤っているものはどれか。

（1）かぶれた場合には、濃度を希釈して使用する。

（2）パッチテスト（皮膚貼布試験）でカブレの原因を確定する。

（3）白髪染の成分であるパラフェニレンジアミンは、カブレの原因となる。

（4）今までにかぶれたことがない人にもカブレを起こすことがある。

問題 43

[H25-28-30]
改題

皮膚疾患と病原体に関する次の組合せのうち、正しいものはどれか。

（1）脂漏性皮膚炎 ——————— ウイルス

（2）頭部白癬（シラクモ）——— 真菌（カビ）

（3）虱症 ————————————— ヒゼンダニ

（4）円形脱毛症 ——————— 化膿菌（細菌）

問題 44

[H18-13-30]

皮膚疾患と病原体に関する次の組合せのうち、正しいものはどれか。

（1）尋常性毛瘡（カミソリカブレ）—— 細菌

（2）青年性扁平疣贅 ——————— 真菌

（3）頭部白癬（シラクモ）——— ダニ

（4）伝染性膿痂疹（トビヒ）——— ウイルス

問題 45

[H18-15-29]

皮膚疾患に関する次の記述のうち、正しいものはどれか。

（1）円形脱毛症は、一度罹患すると再発しない。

（2）伝染性膿痂疹（トビヒ）の主な原因菌は、白癬菌である。

（3）男性型脱毛症では、シャンプーやマッサージは行わない。

（4）尋常性痤瘡（ニキビ）の発症には、男性ホルモンが関与している。

<table>
<tr><td>問題 46
[H22-21-30]</td><td>皮膚疾患と病原体に関する次の組合せのうち、正しいものはどれか。
（1）伝染性膿痂疹（トビヒ）──── 真菌（カビ）
（2）尋常性疣贅 ──────── ウイルス
（3）体部白癬（ゼニタムシ）──── 細菌
（4）疥癬（ヒゼン）──────── シラミ</td></tr>
</table>

問題 46
[H22-21-30]

皮膚疾患と病原体に関する次の組合せのうち、正しいものはどれか。
（1）伝染性膿痂疹（トビヒ）──── 真菌（カビ）
（2）尋常性疣贅 ──────── ウイルス
（3）体部白癬（ゼニタムシ）──── 細菌
（4）疥癬（ヒゼン）──────── シラミ

問題 47
[R2-42-35]

皮膚疾患に関する次の記述のうち、誤っているものはどれか。
（1）接触皮膚炎（カブレ）は、種々の化学物質や薬剤などが皮膚に接触して発生する皮膚の炎症である。
（2）蕁麻疹は、食物や薬によるもののほか、花粉、ダニ、寒冷、温熱、日光などの外的刺激によるものがある。
（3）ニキビは、毛包が角質の栓で詰まることなどによりでき、炎症へと進むことがある。
（4）頭部白癬は、ウイルスによって引き起こされる。

Chapter **4**

香粧品化学

香粧品化学
の過去問題に挑戦しよう

これまで試験に出題された問題からピックアップしています。数多くの問題を解くことで合格の実力を身につけてください。

問題 1

[H22-21-39]
改題

化粧品の使用目的に関する次の記述のうち、医薬品医療機器等法上の定義に該当しないものはどれか。

(1) 人の皮膚もしくは毛髪に栄養を与え、おとろえを防ぐ。

(2) 人の身体を美化し、魅力を増し、容貌を変える。

(3) 人の皮膚もしくは毛髪を健やかに保つ。

(4) 人の身体を清潔にする。

問題 2

[H17-12-38]
改題

香粧品の効能に関する次の記述のうち、医薬品、医療機器等の品質、有効性及び安全性の確保等に関する法律（医薬品医療機器等法）で定められている化粧品の効能の範囲に該当しないものはどれか。

(1) 頭皮、毛髪をすこやかに保つ。

(2) 皮膚の水分、油分を補い保つ。

(3) 脂肪を燃焼して身体をスリムにする。

(4) ヒゲ剃り後の肌を整える。

問題 3

[H20-17-40]

香粧品の取扱いに関する次の記述のうち、正しいものはどれか。

（1）同じ製品だったので、残り少なくなった容器に新しい商品をつぎ足した。

（2）品質の劣化を防止するため、クリームを冷凍庫に保管している。

（3）微生物の汚染を防止するため、定期的に容器ごと熱湯消毒している。

（4）一度出した中身を出しすぎた場合でも元へ戻さないようにしている。

問題 4

[H12-1-35]
改題

水素イオン濃度と pH に関する次の記述のうち、誤っているものはどれか。

（1）水素イオン濃度は、普通は水素イオン指数で表し、pH という記号が用いられる。

（2）純粋な水や中性の溶液は、水素イオン濃度は1.0×10^{-7} mol/ℓ である。

（3）pH 指示薬は、酸性や中性溶液中で無色、アルカリ性溶液では赤色になる。

（4）pH が7より小さい溶液はアルカリ性溶液であり、pH が7より大きい溶液は酸性溶液である。

問題 5

[H11-1-36]

香粧品の原料に関する次の記述のうち、誤っているものはどれか。

（1）油性原料には、油脂、ロウ、高級炭化水素、高級脂肪酸および高級アルコールなどがある。

（2）水やエタノールは、香粧品の製造には用いられない。

（3）タール色素は、有機合成色素であり、香粧品の着色料として用いられる。

（4）植物性脂肪油は、乾性油、半乾性油、不乾性油に分類される。

問題 6
[H25-28-39]

高分子化合物の分類に関する次の記述のうち、誤っているものはどれか。

（1）コラーゲンは、動物系の天然高分子化合物である。

（2）ポリビニルアルコールは、化学的に合成された合成高分子化合物である。

（3）エラスチンは、植物系の天然高分子化合物である。

（4）アラビアゴムは、植物系の天然高分子化合物である。

問題 7
[H18-13-38]

香粧品に用いられる色材に関する次の記述のうち、誤っているものはどれか。

（1）天然色素ベニバナ赤の色素成分は、カルサミンである。

（2）光輝性顔料（パール顔料）である雲母チタンは、有機顔料である。

（3）有機合成色素（タール色素）には、染料及び顔料などがある。

（4）白色顔料の酸化チタンは、屈折率が大きく皮膚への付着性もよい。

問題 8
[H26-29-39]
改題

香粧品に用いられる色材に関する次の記述のうち、誤っているものはどれか。

（1）酸化チタンは、白色顔料で、収れん・消炎作用もある。

（2）酸化鉄は、光や熱の影響を受けにくい着色顔料である。

（3）雲母チタンの持つパールのような光沢は、雲母と酸化チタンの屈折率の違いから生じる。

（4）コチニールは、エンジムシから得られる青赤色の天然色素である。

問題 9

[H19-15-38]

香粧品の原料に関する次の記述のうち、誤っているものはどれか。

(1) ジブチルヒドロキシトルエンは、収れん剤である。

(2) パラアミノ安息香酸エステルは、紫外線吸収剤である。

(3) ベンゾフェノン誘導体は、紫外線吸収剤である。

(4) パラフェノールスルホン酸亜鉛は、収れん剤である。

問題 10

[H20-17-36]

香粧品に用いられる物質とその主な配合目的に関する次の組合せのうち、正しいものはどれか。

(1) パラフェノールスルホン酸亜鉛 ———— 収れん剤

(2) 臭素酸カリウム ————————— 還元剤

(3) チオグリコール酸及びその塩類 ———— 酸化剤

(4) パラオキシ安息香酸エステル ———— ビタミン剤

問題 11

[H22-22-38]

化粧品に関する次の文章の ☐ 内に入る語句の組合せのうち、正しいものはどれか。

「アストリンゼントローションやアフターシェービングローションは、 A が配合された B の化粧水で、皮膚に水分と保湿成分を補うとともに、皮膚表面を一時的にひきしめ、皮脂や汗の分泌を抑制し、pH を整える化粧水である。」

        A   B

(1) 保湿剤 ———— 弱アルカリ性

(2) 殺菌剤 ———— 中性

(3) 収れん剤 ———— 弱酸性

(4) 清涼剤 ———— 弱アルカリ性

問題12 [R2-41-36]

界面活性剤の働きに関する次の記述のうち、**誤っているもの**はどれか。

(1) 水に溶けないビタミンを化粧水に溶解させる。

(2) レシチンは、口紅中の顔料を分散させる。

(3) O/W 型のクリーム中で、水と油性成分を乳化させる。

(4) 非イオン界面活性剤は、殺菌消毒作用が強い。

問題13 [R2-42-36]

界面活性剤に関する次の記述のうち、**誤っているもの**はどれか。

(1) 界面活性剤は、1分子中に親油基（疎水基）と親水基を有する。

(2) 界面活性剤の乳化作用は、臨界ミセル濃度（cmc）より高い濃度で発揮される。

(3) 界面活性剤の作用により、ファンデーションの紛体の顔料を基剤中に均一に分散させることができる。

(4) W/O 型エマルジョンでは、水相に油滴が分散している。

問題14 [R2-42-37]

香粧品と関わりが深い有機化合物とその分類に関する次の記述のうち、**正しいもの**はどれか。

(1) ケラチン ―――― タンパク質

(2) システイン ――― 炭化水素

(3) ワセリン ―――― 多糖類

(4) セタノール ――― アミノ酸

問題15 [R3-43-36]

アルコールに関する次の記述のうち、**誤っているもの**はどれか。

(1) エタノール（エチルアルコール）は、水に溶けない油分などを溶かす有機溶媒である。

(2) イソプロパノール（イソプロピルアルコール）は殺菌力

があり、防腐作用を持つ。

（3）メタノール（メチルアルコール）は、化粧品基準で配合が認められている。

（4）エタノールは、皮膚を引き締める収れん作用がある。

問題 16

[R3-43-37]

油性原料に関する次の記述のうち、誤っているものはどれか。

（1）炭化水素は、炭素原子と水素原子だけでできた化合物の総称である。

（2）ロウ類は、高級脂肪酸とグリセリンとのエステルで、クリームや口紅などに用いられる。

（3）油脂が酸素や日光などの作用により変質することを酸敗という。

（4）スクワランは、動植物から得られる不飽和炭化水素であるスクワレンに水素を添加したもので、安定性に優れている。

問題 17

[R3-43-38]

界面活性剤に関する次の記述のうち、誤っているものはどれか。

（1）ノニオン界面活性剤は、水に溶かしたときに親水基が陰イオンになる。

（2）石けんは、陰イオン界面活性剤である。

（3）陽イオン界面活性剤として、第四級アンモニウム塩がある。

（4）両性界面活性剤は、酸性の水溶液中では陽イオンに、アルカリ性の水溶液中では陰イオンになる。

II部　香粧品化学

サンスクリーン製品またはサンタン製品に表示されている
SPF値とPA分類についての次の記述のうち、誤っているもの
はどれか。

（1）SPF 値は、中波長紫外線（UV-B）を防御する程度を示
すものである。

（2）PA+ と表示された製品より、PA++ と表示された製品
の方が、UV-B の防御効果が高い。

（3）SPF 値の大きい製品を使った方が日焼け（紅斑）しにく
い。

（4）PAの分類表示は、長波長紫外線（UV-A）の防御効果の
程度を示したものである。

紫外線とその防御に関する次の記述のうち、誤っているものは
どれか。

（1）UV-B（中波長紫外線）は、皮膚に急性の紅斑を引き起
こす。

（2）紫外線は、皮膚に影響を与えるだけでなく、香粧品の品
質を劣化させる原因となる。

（3）SPF 値は、主に UV-B を防御する程度を示す値である。

（4）紫外線による急性の炎症をサンバーンといい、PA はその
防御効果の指標である。

香粧品に配合される油性原料に関する次の記述のうち、誤って
いるものはどれか。

（1）炭化水素はクリームや口紅などに配合される。

（2）炭化水素は石油から得られるもので、動植物からは得ら
れない。

（3）高級脂肪酸は炭素数の多い脂肪酸である。

（4）ロウ類は高級アルコールと高級脂肪酸のエステルである。

問題 21

[R2-41-38]

香粧品に用いられる色材とその分類に関する次の組合せのうち、**誤っているもの**はどれか。

（1）酸化チタン ―― 白色顔料

（2）酸化鉄 ―――― 着色顔料

（3）ベンガラ ――― 植物性色素

（4）雲母チタン ―― 光輝性顔料（パール顔料）

問題 22

[H18-10-38]

改題

エアゾール製品に関する次の文章の　　　　内に入る語句の組合せのうち、正しいものはどれか。

「エアゾール製品の噴射剤としては、現在主に　　A　　の　　B　　が用いられており、　　C　　の危険性があるので、取り扱いに注意しなければならない。」

       A   B   C

（1）難燃性 ――― 液化フロンガス ――― 刺激や中毒

（2）可燃性 ――― 液化石油ガス ――― 引火や爆発

（3）難燃性 ――― 液化石油ガス ――― 刺激や中毒

（4）可燃性 ――― 液化フロンガス ――― 引火や爆発

問題 23

[H16-9-40]

改題

染毛剤に関する次の記述のうち、**誤っているもの**はどれか。

（1）永久染毛剤の染着のしくみは、着色料を頭毛の表面に付着させるものである。

（2）染毛剤の種類は、一時染毛料、半永久染毛料、永久染毛剤に大別される。

（3）永久染毛剤（酸化染毛剤）を使用するときは、皮膚貼付試験（パッチテスト）を行う必要がある。

（4）パラフェニレンジアミンは、酸化染料である。

Ⅱ部　香粧品化学

問題 **24**

[H12-1-39]
改題

染毛剤に関する次の記述のうち、正しいものはどれか。

（1）染毛剤は、染着のしくみの違い等から一時染毛料、半永久染毛料、ヘアブリーチ剤に大別される。

（2）一時染毛料は、法定色素や顔料などの着色料をいろいろな基剤に配合して頭毛に付着しやすいようにしたものである。

（3）半永久染毛料は、酸性染料によってアレルギーや頭毛を損傷する等の欠点がある。

（4）ヘアブリーチ剤は、使用前に皮膚貼布試験（パッチテスト）を行い、安全性を確認することが義務づけられている。

問題 **25**

[H21-20-40]
改題

頭皮・毛髪用香粧品に関する次の記述のうち、正しいものはどれか。

（1）シャンプー剤に用いられるふけ防止剤には、ポリビニルピロリドンが使われている。

（2）エアゾールタイプのスタイリング剤には、噴射剤として可燃性の液化石油ガスやジメチルエーテルが使われている。

（3）ヘアリンス剤の主成分は陰イオン界面活性剤である。

（4）シャンプー剤で洗浄機能を果たす成分は、陽イオン界面活性剤の第四級アンモニウム塩である。

問題 **26**

[H25-28-36]

酸化剤と還元剤に関する次の文章の____内に入る語句の組合せのうち、正しいものはどれか。

「パーマネントウェーブ用剤は、　A　などの　B　とアルカリ性物質を配合した第1剤（1液）と　C　などの　D　を含有する第2剤（2液）からなる。」

		A		B		C		D
(1)	チオグリコール酸	—	還元剤	—	臭素酸カリウム	—	酸化剤
(2)	臭素酸カリウム	—	酸化剤	—	チオグリコール酸	—	還元剤
(3)	システイン	—	酸化剤	—	過酸化水素水	—	還元剤
(4)	過酸化水素水	—	還元剤	—	システイン	—	酸化剤

問題 27 [R2-41-39]

パーマネント・ウェーブ用剤の原理に関する次の文章の◯◯◯内に入る語句の組合せのうち、正しいものはどれか。

「カーリングロッドに毛髪を巻いて第1剤を作用させると、毛髪を形成するケラチンの架橋構造（側鎖）の   A   結合がチオグリコール酸などの   B   により切断され、次に第2剤を作用させると、含まれる   C   などの薬剤の働きにより架橋構造にずれを生じた状態でA結合が復元し、ウェーブが固定される。」

	A		B		C
(1)	ペプチド	—	還元剤	—	アンモニア
(2)	ペプチド	—	酸化剤	—	臭素酸カリウム
(3)	シスチン	—	還元剤	—	臭素酸カリウム
(4)	シスチン	—	酸化剤	—	アンモニア

問題 28 [R2-42-40]

酸化染毛剤に含まれる成分と、そのはたらきに関する次の組合せのうち、正しいものはどれか。

(1) 過酸化水素 ———————— アルカリ剤

(2) レゾルシン ———————— 調色剤（カップラー）

(3) アンモニア水 ———————— 酸化剤

(4) メタフェニレンジアミン —— 染料中間体

パーマ剤に関する次の記述のうち、正しいものの組合せはどれか。

a 第1剤中の還元剤は、毛髪内のシスチン結合に水素を与えて切断する。

b 第2剤に用いられる酸化剤として、臭素酸ナトリウムは過酸化水素より酸化力が強い。

c モノエタノールアミンは、第1剤において還元剤として働く。

d 第1剤中のアルカリ剤によって、イオン結合が切断される。

(1) aとb

(2) bとc

(3) cとd

(4) aとd

パーマ剤及びヘアカラーの成分と役割に関する次の組合せのうち、正しいものはどれか。

(1) アンモニア水 ───────── 調色剤（カップラー）

(2) パラフェニレンジアミン ── 酸化剤

(3) レゾルシン ───────── アルカリ剤

(4) チオグリコール酸 ───── 還元剤

ヘアマニキュアに関する次の記述のうち、誤っているものはどれか。

(1) ヘアマニキュアは、酸性染毛料とも呼ばれる。

(2) 酸性染料は、水に溶かすとプラスの電気を帯びる。

(3) 毛髪内では、酸性染料とケラチンタンパク質とが電気的に引き合っている。

(4) ヘアマニキュアには、脱色作用がない。

Chapter **5**

文化論及び美容技術理論

[文化論及び美容技術理論]
の過去問題に挑戦しよう

これまで試験に出題された問題からピックアップしています。数多くの問題を解くことで合格の実力を身につけてください。

問題 1

[R3-43-41]

明治時代の女性の髪型に関する次の記述のうち、<u>誤っているもの</u>はどれか。
（1）明治16年に建設された鹿鳴館での舞踏会は、女性の洋装や洋髪の出現に影響を与えた。
（2）まがれいとやイギリス結びという髪型は、代表的な西洋束髪である。
（3）束髪は、和装、洋装ともによく似合う髪型である。
（4）日本髪は、明治時代に入ってから結われなくなった。

問題 2

[R2-42-41]

第2次世界大戦後から1950年代にかけてスクリーンファッションとともにわが国にも登場したヘアスタイルに<u>該当しない</u>ものはどれか。
（1）セシールカット
（2）サーファーカット
（3）ポニーテール
（4）ヘップバーンカット

問題3
[R2-41-41]

1960年代にわが国で流行したミニスカートに関する次の記述のうち、<u>誤っているもの</u>はどれか。
（1）背の低い傾向の日本人に合うスタイルとして、世代を超えて受け入れられた。
（2）ツイッギーの来日後に、流行のピークを迎えた。
（3）若者の間に流行した服装で、ヒッピーファッションと呼ばれた。
（4）足の露出部分が多くなるので、ブーツも流行した。

問題4
[R3-43-42]

1960年代の服装に関する次の記述のうち、<u>誤っているもの</u>はどれか。
（1）ワンレングスカットと、ボディラインを意識してウエストを細くしぼった服装の「ワンレン・ボディコン」が話題となった。
（2）東京銀座では、みゆき族と名付けられた若者ファッションが話題となったが、短期間で終わった。
（3）黒などダークな色が主体であった男性ファッションをカラフルにしようとする「ピーコック革命」という動きが起こった。
（4）パリのオートクチュールデザイナーが高級既製服を販売したことにより、日本でも既製服時代が到来した。

問題5
[R2-41-42]

和装の礼装に関する次の記述のうち、<u>誤っているもの</u>はどれか。
（1）明治時代には、黒振袖が花嫁の礼服とされていた。
（2）黒留袖は、結婚式列席の親族、仲人婦人が着用する。
（3）第1礼装には、白の半襟を用いる。
（4）男子礼装の、黒羽二重五つ紋付きの着物と羽織、袴（はかま）は慶事のみに着用する。

問題6

[R3-43-43]

女性の和装礼装に関する次の記述のうち、正しいものはどれか。

(1) 準礼装の色留袖は、絵羽模様が特徴である。

(2) 黒留袖は、未婚者、既婚者の区別なく礼装として用いられる。

(3) 訪問着は、未婚者、既婚者の区別なく準礼装として用いられる。

(4) 付け下げの模様は、裾だけにあしらわれている。

問題7

[R2-41-43]

下図の男性の礼装のうち、燕尾服はどれか。

(1)　　　　(2)　　　　(3)　　　　(4)

問題8

[R2-42-43]

花嫁の和装の礼装に関する次の記述のうち、誤っているものはどれか。

(1) 現在の花嫁衣装の起源は桃山時代の上級武家の夫人の正装である。

(2) 打掛の下に着用する小袖のことを、掛下や長着とよぶことがある。

(3) 打掛の下に着用する小袖は、今日、振袖となっている。

(4) 小袖の身丈は、かかとの位置に仕立てる。

問題 **9**

[H18-14-41]

下図は顔部の名称を表したものである。次のＡ、Ｂ、Ｃに該当する語句の組合せのうち、正しいものはどれか。

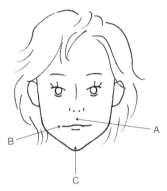

	Ａ	Ｂ	Ｃ
(1)	人中 ————	口裂 ————	オトガイ
(2)	人中 ————	口角 ————	オトガイ
(3)	鼻唇溝 ————	口角 ————	口裂
(4)	人中 ————	口裂 ————	オトガイ唇溝

問題 **10**

[H17-11-41]

頭部の基準となるポイントの次の組合せのうち、正しいものはどれか。

(1) トップポイント ———— 前頭部の生え際と正中線の交わった点

(2) バックポイント ———— 正中線上で後頭部の一番凸の部分

(3) ゴールデンポイント ——— 頭部の頂点で正中線上の点

(4) ネープポイント ———— 耳のつけ根の上の部分

問題 11

[R2-42-44]

コーム各部の名称とそのはたらきに関する次の記述のうち、**誤っているもの**はどれか。

(1) 肩は、コームの目に入った毛髪を一線にそろえるはたらきをする。

(2) 胴は、コーム全体の支えとなり、バランスをとるはたらきをする。

(3) 歯は、毛髪を引き起こし垂直に立てて両側から支え、そろえるはたらきをする。

(4) 歯先は、頭皮に接して毛髪を引き起こす手引きをする。

問題 12

[H12-1-41]

下図の A、B、C に該当する名称の正しいものの組合せは、次のうちどれか。

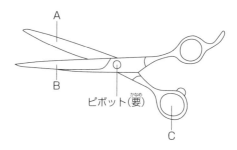

ピボット(要)

	A	B	C
(1)	動刃	静刃	母指孔
(2)	静刃	動刃	母指孔
(3)	動刃	静刃	薬指孔
(4)	静刃	動刃	薬指孔

問題 13

[R2-41-54]

シザーズに関する次の記述のうち、**誤っているもの**はどれか。

(1) シザーズを開閉したときに、2枚の刃の交点での接触圧が均等であるものがよい。

(2) 動刃と静刃の間に、凸レンズ状の‥あきが正確につくられ

ているものがよい。

（3）母指で操作する方の刃が静刃となる。

（4）シザーズは、相対した2枚の刃による剪断応力を利用している。

問題 14

[H17-12-42]

美容用具に関する次の記述のうち、誤っているものはどれか。

（1）メイクアップ用ブラシには、ボタン刷毛や板刷毛、水刷毛などがある。

（2）セニングシザーズは、静刃の目数が多いほど、1度に多くそぐことができる。

（3）替刃式レザーの刃線は、内曲線状のものがよい。

（4）ハンドドライヤーは、一般にブロータイプである。

問題 15

[R2-41-55]

毛髪用電気器具に関する次の記述のうち、誤っているものはどれか。

（1）ヘアアイロンのスクリュー（ねじ）は、グルーブハンドル開閉の支点である。

（2）毛髪用電気器具の熱源として、遠赤外線を利用したものはない。

（3）ヘアアイロンは、熱と物理的な力によって、毛髪の構造に変化を与える。

（4）タービネートタイプのドライヤーは、風の循環と旋回を利用している。

問題 16

[R2-42-53]

ヘアドライヤーに関する次の記述のうち、誤っているものはどれか。

（1）ブロータイプのヘアドライヤーは、音が静かで毛髪も乱れにくいが、タービネートタイプに比べてドライイングに時間を要する。

（2）ヘアドライヤーは、ファンの回転によって起こされた風がニクロム線によって熱せられ、送風される仕組みになっている。

（3）温度を一定に保つため、着脱式のアタッチメントを使用する。

（4）ヘアドライヤーの熱によって毛髪の水分を蒸発させるが、結合水まで蒸発するとオーバードライとなる。

問題 **17**

[R3-43-44]

美容の電気器具に関する次の記述のうち、正しいものはどれか。

（1）電熱式アイロンに内蔵されたサーモスタットは、一定の温度を保つはたらきをする。

（2）ハンドドライヤーは、タービネートタイプである。

（3）スタンドドライヤーは、消費電力が2,000W以上のものが多い。

（4）ヘアスチーマーは、乾熱を利用して技術効果を高めるはたらきをする。

問題 **18**

[R2-42-54]

美容デザインにおける錯覚現象に関する次の記述のうち、誤っているものはどれか。

（1）線をさまざまな形に配置して錯覚を生じさせるものを、化学的錯視という。

（2）幾何学的錯視には、距離・大きさに関する錯視と角度・方向に関する錯視がある。

（3）ボリュームの大きいヘアスタイルに囲まれた顔がボリュームの小さいヘアスタイルの場合より小さく感じるのは、大きさの対比現象によるものである。

（4）平面的に描かれたものを立体的に見せる手法の１つに、陰影をつけるという方法がある

下図のヘアスタイルのバランスを表しているものは、次のうちどれか。

（1）シンメトリー
（2）アシンメトリー
（3）アンバランス
（4）コントラスト

フェイシャルマッサージにおける手の動かし方に関する次の記述のうち、**誤っているもの**はどれか。
（1）肩や指先の力を抜き、トリートメント部位に手掌、指先を密着させる。
（2）滑らかに連続した動きに心がけ、ゆったりとしたテンポで行う。
（3）効果を高めるために体重移動などを利用して、強く押し付けるように圧迫する。
（4）血流や筋肉の方向を理解し、マッサージを行う部位や方向に注意して、連続性をもって行う。

スキャルプマッサージの基本手技に関する次の記述のうち、正しいものはどれか。
（1）揉捻法は、両手掌を左右の耳介部にかぶさるように置き、指先が頭皮に触れる瞬間に力を入れてつまみ上げ、指先

全体で円を描くように頭頂部までもんでいく手技

（2）振動法は、強く頭皮を押し、手から急に力を抜く勢いで頭皮を強くこする手技

（3）打法のハッキングは、指の掌面を用いて頭をはじくように叩打する手技

（4）打法のタッピングは、両手の指間を開け、手掌の外側面で軽く交互に叩打する手技

問題 **22**

[H22-22-42]

シャンプー剤に配合されているアニオン界面活性剤に関する次の記述のうち、正しいものの組合せはどれか。

　a 洗浄効果を高める。

　b 泡立ちをきめ細かく、豊かにする。

　c 保湿力を高める。

　d 毛髪の静電気を防止する。

（1）a と b

（2）b と c

（3）c と d

（4）a と d

問題 **23**

[H20-17-42]

シャンプー剤の種類と選び方に関する次の記述のうち、正しいものはどれか。

（1）脂性の頭皮や毛髪には、油成分の配合が多いシャンプー剤が適している。

（2）アルカリ性に傾いていたんでいる毛髪には、酸性効果のあるシャンプー剤が適している。

（3）乾性の頭皮には、ジンクピリチオンなどの殺菌剤を配合したシャンプー剤が適している。

（4）ふけの多い頭皮には、酸性効果のあるクエン酸を配合したシャンプー剤が適している。

問題 24

[H20-17-43]

シャンプー前のブラッシングに関する次の記述のうち、誤っているものはどれか。

(1) 毛髪の汚れである頭皮のふけを浮かせて除去しやすくする。

(2) マッサージ効果によって頭皮の新陳代謝を促す。

(3) どの部分もつむじから生え際に向けて行う。

(4) 毛髪のもつれをほぐし、抜けるべき毛髪をすき取る。

問題 25

[H21-19-42]

スキャルプトリートメントに関する次の記述のうち、誤っているものはどれか。

(1) スキャルプトリートメントの技術過程を大別すると、物理的な方法と化学的な方法がある。

(2) 頭皮の生理機能を化学的な方法で健康に保持するため、ヘアトニック、スキャルプトリートメント剤を使用する。

(3) ダンドラフスキャルプトリートメントは、ふけ除去の目的で行う方法である。

(4) スキャルプケアで使用する育毛剤の成分であるグリチルリチン酸モノアンモニウムは、血行促進の効果がある。

問題 26

[H20-17-48]

ヘアセッティングに関する次の記述のうち、誤っているものはどれか。

(1) バックコーミングは、1つのストランドにコームを使い、根元から毛先に向かってとかす。

(2) ヘアセッティングは、オリジナルセットを行い、次にリセットを行うという2つのプロセスに分けて1つのスタイルをつくる。

(3) アップスタイルは、セミロングやロングヘアのように長い毛髪をまとめ上げるスタイルである。

(4) ヘアピースには、頭部の一部をおおうものやヘアスタイルの補助的なパーツとして使うものがある。

[R3-43-46]

ヘアカッティングの姿勢に関する次の記述のうち、正しいものはどれか。

（1）左サイドの前上がりラインを切る場合は、右肘を上げるとよい。

（2）右から左へ下がるラインを切る場合は、左肘を下げるとよい。

（3）目線の高さを調節する場合は、背筋を曲げて対応するとよい。

（4）切る対象に対して、握りこぶし1つ分の間隔をおいて立つとよい。

[H22-21-46]

ブロードライに関する次の記述のうち、誤っているものはどれか。

（1）ブロードライスタイリングの最初の過程は、毛髪全体を生乾きの状態にすることである。

（2）温風は1か所に長くあてるとよい。

（3）簡単なスタイリングは、目の粗いコームやブラシを使う。

（4）風の吹き出し口は、頭皮から毛先の方向に向ける。

下図は、カットラインを表したものである。次のうち、グラデーションカットに該当するものはどれか。

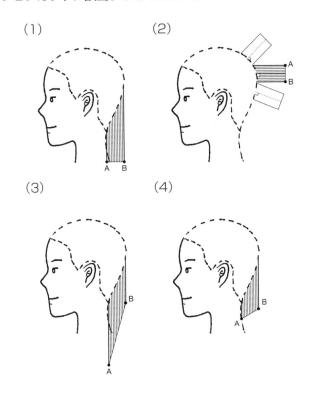

(1)

(2)

A
B

(3)

B

(4)

B

A

A

ヘアカッティングに関する次の記述のうち、正しいものはどれか。

(1) ワンレングスカットはすべてを同一線上で切り、水平ライン、前下がりライン、後ろ下がりラインがある。

(2) グラデーションカットは長さの異なる毛髪の層を重ね合わせるカット技法で、段カットともよばれている。

(3) レイヤーカットは上部の層ほど毛髪が長く、スタイルのバリエーションが少ない。

Ⅱ部　文化論及び美容技術理論

（4）セイムレングスカットは上層より下層が長く、ウルフカットやサーファーカットが有名である。

問題 **31**

[R2-41-46]

セニングカットに関する次の記述のうち、誤っているものはどれか。

（1）間引きするように毛量を減らして調整するカット技法である。

（2）分け目の部分はセニングし過ぎないようにする。

（3）横パネルには直角にシザーズを入れるとよい。

（4）セニングシザーズでグラデーション状に毛量調整をすることにより、丸みを出しながら量感を減らすことができる。

問題 **32**

[R2-42-46]

ヘアカッティングにおけるパネルの角度とシルエットの関係に関する次の記述のうち、正しいものはどれか。

（1）アップステムでシェープしてカットした場合、トップショートのロングエンドとなり、スタイルに立体感を与える。

（2）ダウンステムでシェープしてカットした場合、シルエットは、骨格に沿った均等なものになる。

（3）毛髪をすべて自然に落ちる位置にシェープしてカットした場合、頭部の形がそのままヘアスタイルのシルエットを形成する。

（4）オンベースにシェープしてカットした場合、カットラインは水平となる。

問題 33

[R2-42-47]

レザーカットの技法に関する次の記述のうち、<u>誤っているもの</u>はどれか。

(1) テーパーカットは、毛髪を削いで先細りにするカット技法であり、テーパーする深さ・面・方向により技術が分類される。

(2) セニングカットは、間引きすることによって毛量調整を行うカット技法である。

(3) ディープテーパーカットは、毛先から1－3 ほどをテーパーするカット技法である。

(4) ポインティングカットは、毛先を不揃いに尖らせ、ヘアスタイルに遊びや変化を持たせるカット技法である。

問題 34

[R3-43-45]

トリートメントに関する次の記述のうち、<u>誤っているもの</u>はどれか。

(1) トリートメント剤に配合されているカチオン界面活性剤は、毛髪の補修作用にすぐれている。

(2) トリートメント剤は、加温して用いることにより、浸透が促進される。

(3) トリートメント剤は、洗い流すタイプと洗い流さないタイプがある。

(4) プレトリートメントは、パーマネントウェーブやヘアカラーの施術前に行われる。

問題 35

[H25-28-45]

パーマネントウエーブに関する次の記述のうち、<u>誤っているもの</u>はどれか。

(1) 毛髪の大部分は、ケラチンとよばれるタンパク質からできている。

(2) アンモニアは、アルカリ剤として用いられている。

(3) システインは、還元剤として用いられている。

(4) チオグリコール酸は、酸化剤として用いられている。

問題 36
[H26-29-44]

パーマネントウェーブ用剤の主成分とはたらきに関する次の組合せのうち、誤っているものはどれか。

(1) 還元剤 ——— シスチン結合を切断し、毛髪に可塑性を与える。

(2) 還元剤 ——— 毛髪を膨潤させ、パーマ剤の浸透を促す。

(3) アルカリ剤 —— 還元を促進する。

(4) 酸化剤 ——— 酸素を与えることにより、シスチンの再結合を促す。

問題 37
[H23-23-44]

パーマネントウエーブに関する次の文章の[　　　]内に入る語句の組合せのうち、正しいものはどれか。

「ウエーブの大小は、[　A　]の[　B　]によって決定され、パーマネントウエーブ用剤で形成されるフルウエーブは、使用するロッドの[　C　]回転分の毛髪の長さが必要である。」

	A	B	C
(1)	放置時間 ———	長さ ———	3
(2)	スライス幅 ——	厚さ ———	2.5
(3)	ロッド ————	太さ ———	3
(4)	テンション ——	強さ ———	2.5

問題 38
[H21-19-45]

次のカールの種類のうち、フラットカールに属する組合せとして、正しいものはどれか。

(1) スカルプチュアカール —— リフトカール —— バレルカール

(2) スカルプチュアカール —— クロッキノールカール —— メイポールカール

(3) メイポールカール —— リフトカール —— クロッキノー

ルカール
(4) メイポールカール ── クロッキノールカール ── バレ
ルカール

下図はカールピニングを表したものである。両面打ちに該当す
るものは、次のうちどれか。

(1)   (2)

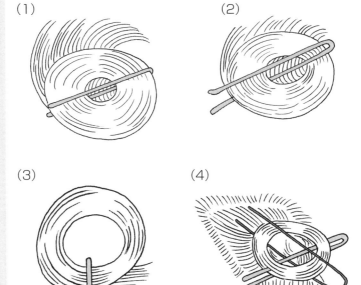

(3)   (4)

カールステムに関する次の記述のうち、正しいものはどれか。
(1) ステムの角度は、毛髪の流れを左右する。
(2) ステムの方向と角度を1つに結びつけるところをストラ
ンドという。
(3) メイポールカールは、ステムの角度が0度に近いフラッ
トカールである。

Ⅱ部 文化論及び美容技術理論

（4）カールステムとは、ピボットポイントからループまでを
いう。

問題 **41**

[R2-41-49]

下図はピンカールのピンを取ったところを表したものである。
このカールウェーブをつくるためのピンカールは、次のうちど
れか。

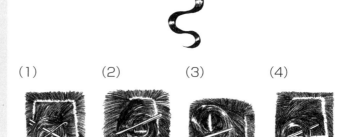

（1）　　　　（2）　　　　（3）　　　　（4）

問題 **42**

[R2-41-47]

ワインディングのロッドの配列に関する次の記述のうち、正し
いものはどれか。
（1）ダウンスタイルは、後ろに強い方向性をつけてロッドを
配列していく。
（2）リーゼントスタイルは、フロントを斜め前にワインディ
ングし、サイドが斜め後方に流れるようにロッドを配列
していく。
（3）フォワードスタイルは、サイドから見ると斜め前方向に
顔を包み込むようにロッドを配列していく。
（4）リバーススタイルは、頭頂部を中心に下方にロッドを配
列していく。

問題43

[R2-42-48]

パーマネントウェーブ技術に関する次の記述のうち、正しいものはどれか。

(1) 根元の新生部は、毛先に比べパーマがかかりやすい。

(2) あらかじめ毛髪に第1剤を塗布し、ワインディング後に再び第1剤を塗布する方法を水巻きという。

(3) かかりすぎるおそれがある毛髪には、つけ巻きが適している。

(4) カラーリングや残存ウェーブがあるところには、状態に応じてトリートメント剤を塗布して第1剤の作用をセーブする。

問題44

[R2-42-49]

ヘアウェービングに関する次の文章の □ 内に入る語句の組合せのうち、正しいものはどれか。

「カールスペースをつくるベースを取るためのスライス線は、ウェーブ幅の □ A であり、ループの直径はウェーブ幅の □ B 、カールスペースはウェーブ幅の □ C となる。」

	A	B	C
(1)	$\frac{1}{3}$	$\frac{1}{2}$	$\frac{2}{3}$
(2)	$\frac{1}{2}$	$\frac{2}{3}$	$\frac{1}{3}$
(3)	$\frac{1}{3}$	$\frac{2}{3}$	$\frac{2}{3}$
(4)	$\frac{1}{2}$	$\frac{1}{2}$	$\frac{1}{3}$

問題45

[R3-43-47]

パーマネントウェーブのテストカールに関する次の記述のうち、正しいものはどれか。

(1) テストカールにより第2剤がどの程度毛髪に作用しているかチェックする。

(2) テストカールは、ネープ最下部の細めのロッドで判断する。

（3）ウェーブの大小は、ロッドの太さによって決まる。

（4）タイム不足の場合、カール径がロッドの直径の2.5倍以下
となる。

問題46

[R3-43-48]

メイポールカールに関する次の文章の　　　内に入る語句の
組合せのうち、正しいものはどれか。

「ストランドの　A　から巻かれるため、毛先の　B　は広く
　C　は弱い。カールを巻く際にベースの周囲を一定の形や
大きさにスライスしてつくる　D　に分類される。」

	A	B	C	D
（1）	根元	ウェーブ幅	弾力	ストランドカール
（2）	根元	トロー	立ち上がり	シェーピングカール
（3）	毛先	トロー	弾力	ストランドカール
（4）	毛先	ウェーブ幅	立ち上がり	シェーピングカール

問題47

[H17-11-45]

ウエーブとループの関係でハーフウエーブが幅3cmの場合、
スカルプチュアカールでウエーブをつくると、ループの直径は
次のうちどれか。

（1）1.0cm

（2）1.5cm

（3）2.0cm

（4）2.5cm

問題48

[H20-17-46]

スキップウエーブの記述でスカルプチュアカールとフィンガー
ウエーブに関する次の文章の　　　内に入る長さの正しいも
のの組合せはどれか。

「ウエーブ幅を3cmとしたときにループの直径は　A　とな
り、カールスペース分　B　は、下のフィンガーウエーブに加
わる。そのためフィンガーウエーブの幅は、　C　幅になる。」

	A	B	C
(1)	2cm ——	2cm ——	3cm
(2)	2cm ——	1cm ——	4cm
(3)	1cm ——	2cm ——	3cm
(4)	1cm ——	1cm ——	4cm

問題 **49**

[H19-15-46]

ヘアカーリングに関する次の記述のうち、正しいものの組合せはどれか。

   a カールの巻き方の方向で、右巻き（時計の針の進む方向）に巻かれているカールをカウンター・クロックワイズワインドカールという。

   b ターンステムは、1つのムーブメントを2個以上のピンカールで大きく構成するものである。

   c ストランドカールは、あらかじめベースをかたち取って巻くものであり、ベースを取らないで巻くものをシェーピングカールという。

   d 耳介に沿って上から下の方向に巻かれたものをリバースカールという。

（1）aとb
（2）bとc
（3）cとd
（4）aとd

問題 **50**

[H17-11-46]
改題

ヘアカラーリングの名称に関する次の記述のうち、誤っているものはどれか。

（1）永久染毛剤は、ヘアマニキュアとよばれる。
（2）一時染毛料は、テンポラリーヘアカラーとよばれる。
（3）脱色剤は、ヘアブリーチとよばれる。
（4）半永久染毛料は、セミパーマネントヘアカラーとよばれる。

[H18-13-46]

問題51

ヘアカラーリングに関する次の記述のうち、誤っているものはどれか。

(1) 眉毛、まつ毛に行う場合は、薬液が目に入らないように技術を行う。

(2) 染毛剤の調合は使用直前に行い、使用後、残った薬液は捨てる。

(3) 染毛の1週間前後にパーマネントウエーブをかけないのは、毛髪をいためたり、色落ちすることがあるからである。

(4) 酸化染毛剤を使用するときは、必ずパッチテスト（皮膚貼付試験）を行うこと。

[H19-15-47]
改題

問題52

ヘアカラーリングに関する次の記述のうち、誤っているものはどれか。

(1) パッチテスト（皮膚貼付試験）の途中でお客さまが、かゆみ、刺激などの異常を訴えたら、ただちに洗い落とし染毛剤は使用しない。

(2) 毛質の特徴として太く、硬く、撥水性がある黒い毛髪は、黄み系が出やすい。

(3) バージンヘアの場合、頭皮の温度が高い根元より毛先の方が染まりにくい。

(4) 放置時間がある程度経過した時点で、発色の状態を確認するためカラーチェックをする。

問題**53**

[H20-17-47]
改題

染毛剤のカラーリングの際、下図のa～dのうち、<u>染まりにくい部位</u>の組み合せは、次のうちどれか。

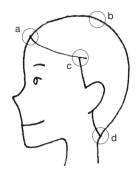

  a フロント、生え際
  b 頭頂部周辺
  c こめかみ
  d ネープ付辺
（1）aとb
（2）bとc
（3）cとd
（4）aとd

問題**54**

[R2-41-50]

色に関する次の記述のうち、正しいものはどれか。
（1）プライマリーカラー（色の三原色）は、赤・黄・緑を基本としている。
（2）彩度は、色の鮮やかさのことで、彩度が低いといえばくすんだ色をさす。
（3）明度は、色の明るさのことで、明度が低いといえば明るい色（白に近い）をさす。
（4）有彩色は、白から灰色、黒までの色をいう。

酸化染毛剤によるヘアカラーリングに関する次の記述のうち、正しいものはどれか。

（1）毛髪に損傷のある部分には、希望色より明度の高い染毛剤を多めに塗布する。

（2）全体を暗く染める場合は、毛髪の明るいフロントの部分から塗布する。

（3）染まりやすいもみ上げやフロントは、最後に塗布する。

（4）バージンヘアの毛先は染まりやすいので、根元から塗布する。

アルカリ性タイプの酸化染毛剤によるヘアカラーリングに関する次の記述のうち、正しいものはどれか。

（1）細毛や軟毛などは、黄み系が出やすいので、希望色より明度の低い染毛剤を用いるとよい。

（2）白髪は染まりやすいので、白髪染めの場合、白髪の少ない部分から塗布する。

（3）放置時間の目安は、ヘアカラーの場合、約5〜 20分で、5分おきにテストする。

（4）放置時間がある程度経過した時点で、皮膚や発色の状態を確認するためにパッチテストを行う。

永久染毛剤に関する次の文章の 内に入る語句の組合せのうち、正しいものはどれか。

「永久染毛剤は、染毛成分が A および B の奥深くまで浸透し、化学的に C するため長期にわたって染毛効果が持続するものである。」

	A	B	C
（1）	キューティクル	毛皮質	固着
（2）	毛皮質	毛髄質	分解

（3）毛髄質 ──────────── キューティクル ──── 固着
（4）キューティクル ──── 毛髄質 ──────────── 分解

問題 58

[H17-11-48]

ネイル技術に関する次の記述のうち、正しいものはどれか。
（1）マニキュアは、フットパドルを使用し、角質の固いところを削り取る。
（2）ネイルアートは、カラーエナメルやラインストーン等を用いて、爪にデザインすることである。
（3）ペディキュアは、人工的に造られる爪のことである。
（4）アーティフィシャルネイルは、自爪を美しく健康的に仕上げる。

問題 59

[H16-9-49]
改題

マニキュアケアに必要な用具に関する次の記述のうち、正しいものはどれか。
（1）ネイルファイルとは、主にアーティフィシャルネイルの長さや形を整えるためのやすりである。
（2）ネイルバッファーとは、爪のすきまを掃除するためのブラシである。
（3）キューティクルプッシャーとは、爪上皮を切るはさみである。
（4）キューティクルニッパーとは、爪上皮を押すものである。

問題 60

[H19-15-48]

下図の爪のカット形状のうち、オーバルはどれか。

（1）　　　　（2）　　　　（3）　　　　（4）

ネイル技術に関する次の記述のうち、誤っているものはどれか。

(1) スカルプチュアは、人工爪の土台となるフォームを使用して、アクリルやジェルなどで長さを出すテクニックである。

(2) アートチップは、ナチュラルネイルにラインストーンやシールなどでアートを施すテクニックである。

(3) フレンチスカルプチュアは、基本的にはフリーエッジにホワイトを使用するテクニックである。

(4) ナチュラルネイルオーバーレイは、弱い爪の補強などを行うテクニックである。

ネイルケアの道具に関する次の記述のうち、正しいものはどれか。

(1) キューティクルプッシャーは、キューティクルをやわらかくし、爪や爪まわりの皮膚の乾燥を防ぐものである。

(2) エメリーボードは、爪の長さや形を整えるものである。

(3) ウッドスティックは、爪の表面の凹凸を滑らかにするものである。

(4) フットパドルは、エナメルが塗りやすいように指の間を開くために装着するものである。

ベースメイクアップにおけるファンデーションの目的に関する次の記述のうち、正しいものの組合せはどれか。

a 肌に水分を補給し、潤いと張りを与える。

b 肌の色調や質感を美しくし、きめを整える。

c ホコリ、風、紫外線、寒さなどの刺激を防ぐ

d 皮膚表面からの水分の蒸発を防ぐ。

(1) a と b

（2）ｂとｃ
（3）ｃとｄ
（4）ａとｄ

まつ毛エクステンションに関する次の記述のうち、<u>誤っている</u>
<u>もの</u>はどれか。
（1）まつ毛エクステンションのリペアは、個人差はあるが、
　　通常２～３週間で行う。
（2）衛生面を考えてアイメイクアップは取り除いて施術する。
（3）エクステンションの装着は、まつ毛の成長期は避け、成
　　長期の終わりから退行期が始まる時期が最適である。
（4）グルーやリムーバーによるアレルギーは、施術後、数分
　　で必ずあらわれる。

まつ毛エクステンションに関する次の記述のうち、正しいもの
はどれか。
（1）カウンセリングは、１回だけ行う。
（2）カウンセリングは、目についてだけ行う。
（3）カウンセリングでは、施術のリスクについても正しく伝
　　える。
（4）アレルギー反応は、必ず施術中にあらわれる。

まつ毛エクステンションに関する次の記述のうち、正しいもの
はどれか。
（1）エクステンションを接着しやすいように、コンタクトレ
　　ンズの装着を勧める。
（2）リペアは、個人差はあるが、通常６～７週間で行う。
（3）アイメイクアップを落としてから施術する。
（4）過去にアレルギー性の接触皮膚炎を発症しなかった物質

では、かぶれることはない。

和服に関する次の記述のうち、正しいものはどれか。

（1）袷は、裏地つきの着物のことである。

（2）単衣は、白無垢の打掛のことである。

（3）比翼仕立ては、表生地と同じ布地、色柄の裾まわしの仕立となっている。

（4）共八掛は、白い下着を重ねてきたように見える着物である。

女性の着物に関する下図のAに該当する名称は、次のうちどれか。

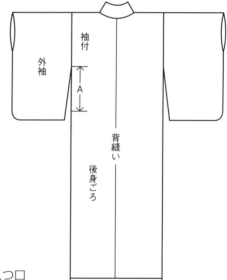

（1）身八つ口

（2）袖下

（3）ふり

（4）袖口

問題69

[H18-14-50]

着付けに用いる小物に関する次の記述のうち、正しいものはどれか。

(1) 帯締めは、帯がほどけないように帯の上から締めるひもである。

(2) 帯留めは、帯の形を整える道具である。

(3) 帯枕は、絞り染、ぼかし染、無地の飾りである。

(4) 帯揚げは、帯締めにつける装飾品である。

問題70

[H19-15-50]
改題

袋帯に関する次の記述のうち、正しいものはどれか。

(1) お太鼓になる部分を普通幅、胴に巻く部分を半幅に仕立てられた帯で、訪問着から外出用まで用いられる。

(2) 帯のなかで最も格調高いとされ、帯幅が普通の2倍に織られているので広帯ともいう。

(3) 幅広い帯布地の帯で、簡便さから日常用として用いられる。

(4) 明治後期、重くて締めにくい丸帯の代用として作られ、礼装用から外出用まで幅広く用いられる。

問題71

[R2-41-53]

留袖の着付けに関する次の記述のうち、正しいものはどれか。

(1) 帯揚げや帯締めは、通常色柄を用いる。

(2) 帯の折り幅は、若い人の場合は狭くする。

(3) 体型補整は、長襦袢（じゅばん）を着せてから行う。

(4) 衣紋の抜きの基本は、にぎりこぶし1個が入る程度とする。

問題72

[H16-10-50]

男性和装に用いる帯は、次のうちどれか。

(1) 袋帯

(2) 名古屋帯

(3) 角帯

（4）細帯

下図のウエディングドレスの基本シルエットのうち、プリンセスラインはどれか。

（1）   （2）   （3）   （4）

III 部
本番を想定して実戦力を養おう

直前対策
チェック

直前対策チェック

美容師国家試験は同じテーマの問題が表現を変えて繰り返し出題されています。
頻出テーマをまとめた55題を、勉強の総仕上げとしてください。

問題	解答

・・・・・・・・・・・・・・・ 関係法規・制度及び運営管理 ・・・・・・・・・・・・・・・

問題1 保健所の行う事業を規定しているのは（　　　）法である。

問題1
地域保健

問題2 美容所の（　　　）が管理美容師の資格を有しているのであれば、自身が管理美容師になっても差し支えない。

問題2
開設者

問題3 管理美容師になるには、（①　　　）年以上美容の業務に従事し、（②　　　）ことが必要である。

問題3
①3
②都道府県知事が指定した講習会を修了する

問題4 美容師が美容のための直接作業を行う場合、作業面の照度は（　　　）ルクス以上とする必要がある。

問題4
100

問題5 美容所への立入検査は（　　　）が衛生措置を講じているかどうかを検査するために行うものである。

問題5
美容所の開設者及び美容師

問題6 免許証（免許証明書）を紛失したときは、（　　　）に免許証（免許証明書）の再交付を申請することができる。

問題6
厚生労働大臣

問題7 美容所の閉鎖処分に違反した開設者は（　　　）に処されることがある。

問題7
30万円以下の罰金

問題8 生活衛生関係営業の運営の適正化及び振興に関する法律（生衛法）は、（　　　）の設立について定めている。

問題8
生活衛生同業組合

問題9 労働基準法によれば、美容所の使用者は、契約の際に従業者に対し（　　　）を明示しなければならない。

問題9
労働条件

問題	解答

問題10 働く人たちの安全と健康の確保および快適な職場環境の形成を促進することを目的としている法律は、（　　　）である。

問題10
労働安全衛生法

衛生管理
【公衆衛生・環境衛生】

問題11 粗死亡率は（①　　　）傾向にあるが、年齢調整死亡率は（②　　　）傾向にある。

問題11
①上昇
②低下

問題12 日本では、2015年の総人口における65歳以上の人口割合は20%より（　　　）。

問題12
高い

問題13 日本では、女性の喫煙者率は他の先進国に比べて（　　　）。

問題13
低い

問題14 日本では、男性の平均寿命は80歳より（　　　）。

問題14
長い

問題15 環境の要因としては、温度などの物理的環境要因、空気成分などの化学的環境要因、微生物などの生物学的環境要因のほか、（　　　）環境要因がある。

問題15
社会的

【感染症】

問題16 予防接種法の定期の予防接種の対象でないのは、インフルエンザ・急性灰白髄炎（ポリオ）・コレラ・百日せきのうち、（　　　）である。

問題16
コレラ

問題17 以下の各感染症の感染症法での分類は以下の通りである。

腸管出血性大腸菌感染症	（①　　　）類
インフルエンザ（鳥インフルエンザ及び新型インフルエンザ等感染症を除く）	（②　　　）類
後天性免疫不全症候群（エイズ）	（③　　　）類
ラッサ熱	（④　　　）類

問題17
①三
②五
③五
④一

問題18 わが国の結核は、罹患率・死亡率ともに著しく改善されてはいるが、今もなお年間（　　　）人以上の患者が新たに登録される。

問題18
15,000

問題19 以下の各感染症とその病原体は以下の通りである。

梅毒	（①　　　　　　　）
ツツガムシ病	（②　　　　　　　）
トラホーム	（③　　　　　　　）
麻しん	（④　　　　　　　）
結核	（⑤　　　　　　　）

問題19
①梅毒トレポネーマ
②リケッチア
③クラミジア
④麻しんウイルス
⑤結核菌

問題20 ウイルスが持つ核酸の数は（　　　）である。

問題20
1つ

【衛生管理技術】

問題21 微生物を殺すかまたは除去して、微生物が存在しない状態にすることを（　　　）という。

問題21
滅菌

問題22 血液が付着している器具またはその疑いがある器具の消毒をする場合の方法は以下の通りである。

煮沸消毒	沸騰後（①　　　）分間以上煮沸
エタノール水溶液	水溶液中に（②　　　）分間以上浸す
次亜塩素酸ナトリウム	（③　　　　　）%以上の水溶液中に10分間以上浸す

問題22
①2
②10
③0.1

問題23 血液の付着の疑いがない器具の消毒をする場合の方法は以下の通りである。

紫外線消毒	1cm²あたり85μW以上の紫外線を（①　　　）分以上照射する
煮沸消毒	沸騰後（②　　　）分間以上煮沸する
蒸気消毒	10分間以上（③　　　　）℃を超える湿熱に触れさせる

問題23
①20
②2
③80

問題		解答
エタノール消毒	水溶液中に（④　　　）分間以上浸すか、水溶液を含ませた綿もしくはガーゼで器具の表面を拭く	④10 ⑤0.01（注意：血液付着の場合は0.1％。血液付着でない場合は0.01％。） ⑥0.1 ⑦0.05 ⑧0.1
次亜塩素酸ナトリウム	（⑤　　　）％以上の水溶液に10分間以上浸す	
逆性石けん	（⑥　　　）％以上の水溶液に10分間以上浸す	
グルコン酸クロルヘキシジン	（⑦　　　）％以上の水溶液に10分間以上浸す	
両性界面活性剤	（⑧　　　）％以上の水溶液に10分間以上浸す	

問題24　消毒法の選定の目安は以下の通りである。

消毒の（①　　　）が確実であること
（②　　　）に消毒できること
方法が（③　　　）で費用も多くかからないこと
消毒する物件を（④　　　）方法であること
（⑤　　　）、また、どこでも実行できる方法であること
消毒を行う際に人畜に対して（⑥　　　）こと
消毒した物件に（⑦　　　）を残さないこと
必要であれば、表面のみでなく、（⑧　　　）をも消毒できること

問題24
①効果
②短時間
③簡単
④損なわない
⑤いつでも
⑥毒性が低い
⑦悪臭
⑧内部

問題25　79.6％エタノール水溶液をつくるには、純エタノール400mℓに対し、水（　　　）mℓで希釈する。

問題25
100
純エタノールはエタノール99.5％水溶液。400mℓ×99.5％＝398mℓが79.6％とするには、全体の溶液500mℓ（398mℓ÷79.6％＝500mℓ）を水100mℓで希釈する。

問題	解答

········· **保健** ·········
【人体の構造及び機能】

問題26 （　　　）乳突筋は頸部の筋である。

問題26
胸鎖

問題27 咀嚼筋は（　　　）よりも深い部分にある4つの筋である。

問題27
表情筋

問題28 最低血圧は、心臓の活動状態の関係で表現すると（　　　）期血圧ともいう。

問題28
拡張

問題29 唾液腺・胃腺・膵臓のうち、外分泌腺でもあり内分泌腺でもあるのは（　　　）である。

問題29
膵臓（内分泌腺としてインスリンをつくる）

問題30 内耳にある平衡器官は、半規管、半規管の付け根にある（　　　）と球形嚢である。

問題30
卵形嚢

【皮膚科学】

問題31 皮膚は上から、（①　　　）、（②　　　）、（③　　　）の3つの層からできている。

問題31
①表皮
②真皮
③皮下組織

問題32 表皮は次の3つの異なった系列の細胞に分類できる。

角化細胞	（①　　　）をつくる
色素細胞	（②　　　）をつくる
（③　　　）細胞	免疫をつかさどる

問題32
①ケラチン
②メラニン
③ランゲルハンス

問題33 頭毛には成長期と休止期があるが、（　　　）の方が長い。

問題33
成長期

問題		解答

<table>
<tr><td>**問題34**</td><td>円形脱毛症では、頭毛が何の自覚症状もなく突然円形に脱毛するもので、脱毛部分の皮膚に（①　　　）は生じないが、まれに（②　　　）をともなう。</td></tr>
</table>

問題34
①発赤
②かゆみ

問題35 主な皮膚疾患とその特徴については以下の表のようにまとめることができる。

接触皮膚炎 (カブレ)	カブレは、皮膚にとっての刺激物によって炎症が起こる場合と、（①　　　）によって起こる場合とがある
ベルロック 皮膚炎	主に香水に含まれる（②　　　）と日光の作用によって起こる
脂漏性皮膚炎	（③　　　）症やあぶら症の人に多い
尋常性白斑 (シロナマズ)	（④　　　）がつくられないために起こる
尋常性痤瘡 (ニキビ)	男性ホルモンの（⑤　　　）と関係している
伝染性膿痂疹 (トビヒ)	化膿菌、とくに（⑥　　　）に表皮が侵されて起こる
尋常性毛瘡 (カミソリカブレ)	（⑦　　　）の毛包にブドウ球菌が感染して起こる慢性の炎症
疣贅(イボ)	尋常性疣贅や青年性扁平疣贅は（⑧　　　）によってできる
白癬	（⑨　　　）による皮膚疾患で一番多い
疥癬(ヒゼン)	疥癬虫という（⑩　　　）の寄生で起こる

問題35
①アレルギー
②ベルガモット
③ふけ
④メラニン
⑤アンドロゲン
⑥ブドウ球菌
⑦ひげ
⑧ヒト乳頭腫ウイルス
⑨真菌
⑩ヒゼンダニ

香粧品化学

問題36 コロイドに関しては以下の表のようにまとめることができる。

（①　　　）	固体のコロイド粒子が分散しているコロイド溶液	例: 泥水
（②　　　）	液体中に他の液体がコロイド粒子として分散している場合	例: 牛乳·乳液·クリーム

問題36
①懸濁液（サスペンション）
②乳濁液（エマルジョン）

	問題		解答

問題37 過酸化水素水は、パーマネント・ウエーブ用剤や脱色剤などに（ 　 ）として用いられている。

問題37
酸化剤

問題38 パーマネント・ウエーブ用剤は還元剤と酸化剤からなり、頭毛をウエーブ状に作りながら（①　 ）を作用させてケラチンのシスチン結合を切断したのち、（②　 ）を作用させてシスチン結合を再結合させ、ウエーブを固定する。

問題38
①還元剤
②酸化剤

問題39 色材については以下の表のようにまとめることができる。

有機合成色素 （タール色素）	（①　　）法に基づいて定められている
	（②　　）と顔料のほか、レーキがメイクアップ製品に使用される
天然色素	（③　　）の花からは赤色色素と黄色色素が得られる
無機顔料	無機顔料には有色の着色顔料と、白色の白色顔料・体質顔料とがある
	（④　　）は白色顔料のうちで被覆力が最も大きい
	白色顔料の（⑤　　）は緩和な収れん作用や消炎作用がある
	体質顔料である（⑥　　）はタルカムパウダーなどの主要原料である
	体質顔料の（⑦　　）は白陶土ともいい吸収性にすぐれている
光輝性顔料	着色顔料の1つの雲母チタンは、（⑧　　）ともよばれ、光線によって真珠のような光沢を生じる

問題39
①医薬品医療機器等
②染料
③ベニバナ
④酸化チタン
⑤酸化亜鉛
⑥タルク
⑦カオリン
⑧パール顔料

問題	解答

問題40 パーマネント・ウェーブ用剤の特徴は以下の表のようにまとめることができる。

パーマネント・ウェーブ用剤の第1剤	（①　　　）剤を有効成分とする
	（②　　　）性溶液である
	チオグリコール酸類、システインまたは（③　　　）の使用が認められている
パーマネント・ウェーブ用剤の第2剤	（④　　　）剤を含有する
	臭素酸カリウム・臭素酸ナトリウム・過ホウ酸ナトリウムを含有する製剤、（⑤　　　）の製剤の使用が認められている

問題40
①還元
②アルカリ
③アセチルシステイン
④酸化
⑤過酸化水素水

・・・・・・・・ **文化論及び美容技術理論** ・・・・・・・・

問題41 まがれいとやイギリス結びという髪型は、明治時代の代表的な（　　　）である。

問題41
西洋束髪

問題42 ツイッギーの来日後に流行のピークを迎えたのは、（　　　）である。

問題42
ミニスカート

問題43 結婚式の和装の礼装で、既婚者の場合は（　　　）を着用する。

問題43
留袖

問題44 美容用具の選定の主な特徴は以下の表のようにまとめることができる。

コーム	コームの（①　　　）、目が均一にそろっていて、毛髪の通りのよいものがよい
ブラシ	ある程度かたくて弾力のあるものがよい
シザーズ	シザーズを開閉したときに、（②　　　）での接触圧が均等であるものがよい
レザー	（③　　　）と切れ刃が平行で、ねじれていないものを選ぶ

問題44
①歯
②交点
③背

ヘアアイロン	ロッドと（④ ）の接触面が滑らかなものを選ぶ
ヘアスチーマー	フード内部の（⑤ ）が均一に行きわたるようなものを選ぶ

④グルーブ
⑤噴霧蒸気

問題45 シャンプー剤の主要成分の界面活性剤の特徴は以下の表のようにまとめることができる。

（① ）界面活性剤	水に溶けるとマイナスイオンを帯びる
（② ）界面活性剤	水に溶けるとプラスイオンを帯びる
（③ ）界面活性剤	プラスイオンとマイナスイオンの両方を帯びる
（④ ）界面活性剤	水に溶けてもイオン化しない

問題45
①アニオン（陰イオン）
②カチオン（陽イオン）
③両性
④ノニオン（非イオン）

問題46 スキャルプトリートメントの種類は以下の表のようにまとめることができる。

（① ）スキャルプトリートメント	頭皮が正常な状態のときに、その状態を維持するために行う方法
（② ）スキャルプトリートメント	皮脂が不足して頭皮が乾燥している状態に行う方法
（③ ）スキャルプトリートメント	頭皮の皮脂の分泌が過多の場合に行う方法
（④ ）スキャルプトリートメント	ふけが多い状態のときに行う方法

問題46
①ノーマル
②ドライ
③オイリー
④ダンドラフ

問題47 ベーシックなカットスタイルの特徴は以下の表のようにまとめることができる。

ただし、A：ネープポイントから垂直方向に頭毛を下げたときの場合

B：バックポイントから垂直方向に頭毛を下げたときの場合とする。

（①　　）カット	同じ長さを意味するが、毛髪の長さが同じというわけではない	Aの先とBの先が同一水平線上にある
（②　　）カット	密な段差のついたヘアスタイル	AよりBが長い
（③　　）カット	長さの異なる毛髪の層を重ね合わせスタイルに立体感を与える	AよりBが短い
（④　　）カット	文字通り毛髪を同じ長さにする	AとBが同じ長さ

問題47
①ワンレングス
②グラデーション
③レイヤー
④セイムレングス

問題48 主要なカッティング技法の特徴は以下の表のようにまとめることができる。

（①　　）カット	毛髪を直線でブツ切りにするカット技法
（②　　）カット	反復運動のひと動作を意味する。毛髪がテーパーされて先細りになり、毛先に軽さや方向性が生み出される
（③　　）カット	薄く、まばらにすること。間引きするように毛量を減らして調整する
（④　　）カット	尖ったものの先を意味する。毛先を尖らせたり、軽くしたりするカット技法
（⑤　　）カット	余分なものを切り取るという意味。カッティングされたラインをさらにカットし、修整して仕上げるカット技法

問題48
①ブラント
②ストローク
③セニング
④ポインティング
⑤トリミング

問題49 直径3cmのカールをほどいた場合、直径（　　　　）cm のハーフウエーブが得られる。

問題49
4.5

問題50 主なヘアカラーの種類と名称については以下の表のようにまとめることができる。

永久染毛剤	（①　　　　）・ヘアダイ・白髪染め　等
半永久染毛料	（②　　　　）・カラーリンス　等
脱色剤・脱染剤	（③　　　　）・ヘアライトナー　等
一時染毛料	ヘアカラースプレー・カラースティック　等

問題50
①ヘアカラー
②ヘアマニキュア
③ヘアブリーチ

問題51 ネイルケアに使う主な液剤については、以下の表のようにまとめることができる。

（①　　　　）	キューティクルをやわらかくするもの
（②　　　　）	爪と爪の周りの皮膚の乾燥を防ぐもの
（③　　　　）	ネイルエナメルの除去や油分処理の際に使うもの
（④　　　　）	エナメル塗布前に塗るもの
（⑤　　　　）	エナメル塗布後に塗るもの
（⑥　　　　）	爪に色彩とつやを与えるために塗るもの

問題51
①キューティクルリムーバー
②キューティクルオイル
③エナメルリムーバー
④ベースコート
⑤トップコート
⑥カラーエナメル

問題52 文金高島田を結髪する手順は、根→（①　　　　）→（②　　　　）→前髪→髷の順である。

問題52
①髱（たぼ）、②鬢（びん）

問題53 主な和装小物については以下の表のようにまとめることができる。

帯締め	帯がほどけないように、帯の上から締めるひも
（①　　　　）	帯締めにする装飾品
（②　　　　）	帯の形を整える道具

問題53
①帯留め
②帯枕

問題			解答
（③　　）	薄地の縮緬、綸子、錦紗、夏は絽などが用いられる		③帯揚げ ④末広（すえひろ） ⑤筥迫（はこせこ）
（④　　）	扇子の別名		
（⑤　　）	懐に挟んで持つ装飾具。花嫁や女子の七五三の晴れ着のときに用いられる		

問題54（①　　　　　）タイプのヘアドライヤーは音が静かで毛髪も乱れにくいが、（②　　　　　）タイプに比べてドライングに時間を要する。

問題54
①ブロー
②タービネート

問題55 主な幾何学的錯視については以下の表のようにまとめることができる。

（①　　　）	同じ長さの線分でも、間に線が入ると長く見える	
（②　　　）	上方で一端を接する2本の線分の間に、平行する同じ長さの2本の線分がある場合、上の線分が下の線分よりも長く見える	
（③　　　）	横縞で等分割された正方形は縦に長い長方形に見え、縦縞で等分割された正方形はやや横に長い長方形に見える	
大きさの対比現象	大きい円に囲まれた円は実際より（④　　　）見え、小さい円で囲まれた円は実際よりも（⑤　　　）見える	
（⑥　　　）	2本の線分が鋭角に交差する場合、交差角が実際よりも広く見える	
（⑦　　　）	枠の位置がずれているために、それに引きずられて、対象もずれているように見える	
（⑧　　　）効果	（⑧）によって、対象の位置がずれて見える	

問題55
①分割距離錯視
②ポンゾ錯視
③ヘルムホルツの正方形
④小さく
⑤大きく
⑥ツェルナー錯視
⑦ジョバネッリの錯視
⑧枠組み

Ⅲ部

直前対策チェック

●編著者紹介

編……JHEC（日本美容教育委員会）
近年の美容教育制度改革、美容師試験改革を受けて美容教育のさらなる向上を目的に1999年に設立された任意団体で、JHECはJapan Hair-Dresser Education Committeeの頭文字をとったもの。お問い合わせ、ご質問、ご意見などはメールで受け付けています。

●電子メール：ishii@ibcg.co.jp

著……石井　至（いしい　いたる）
JHEC（日本美容教育委員会）事務局長。
1965年、北海道札幌市生まれ。東京大学医学部卒業。博士（学術）。札幌大学客員教授。外資系金融会社を経て、現在は上記現職の他、石井兄弟社にて観光やリスクマネジメントに関するコンサルティング、教育事業に従事。
著書は50冊以上あるが、最新刊は『世界が驚愕　外国人観光客を呼ぶ日本の勝ちパターン』（日経BP）である。

徹底マスター
2024-2025 年版 美容師国家試験過去問題集

2023 年 11 月 10 日	初版第 1 刷発行
2024 年 10 月 30 日	第 2 刷発行

編　者　　JHEC（日本美容教育委員会）
著　者　　石井　至
© 2023 Japan Hair-Dresser Education Committee ／ Itaru Ishii
発行者　　張　士洛
発行所　　日本能率協会マネジメントセンター
〒103‐6009 東京都中央区日本橋 2‐7‐1　東京日本橋タワー
TEL　03（6362）4339（編集）／ 03（6362）4558（販売）
FAX　03（3272）8127（編集・販売）
https://www.jmam.co.jp/

装丁―――吉村　朋子
本文DTP―TYPEFACE
本文イラスト―須山　奈津希・足立　寛哉・TYPEFACE
印刷・製本―三松堂株式会社

本書の内容に関するお問い合わせは、2 ページにてご案内しております。

ISBN978-4-8005-9142-5 C3077
落丁・乱丁はおとりかえします。
PRINTED IN JAPAN

集中マスター　2023-2024年版
美容師国家試験
合格対策&模擬問題集

JHEC（日本美容教育委員会）編

石井 至 著

美容師国家試験の最近の出題傾向をもとに編集した分野別の重要ポイント
チェックに加え、6回分の演習問題を収録した筆記試験対策に最適の1冊で
す。令和2年から始まった新制度による筆記試験の内容に対応しています。

A5判　216頁（別冊64頁）

日本能率協会マネジメントセンター

徹底マスター

2024-2025 年版

美容師国家試験 過去問題集
別冊 解答と解説

I部 過去問題に挑戦しよう

II部 分野別問題で理解を深めよう

関係法規・制度及び運営管理

問題1　正解は3番

（1）正しい。かつては保健所法という名称であったが、1994年に地域保健法に改称された。（2）正しい。保健所の業務には14項目あり、エイズ、結核、性病、伝染病その他の疾病の予防に関する事項も含まれる。（3）誤り。保健所の業務に人口動態統計その他地域保健に係る統計に関する事項も含まれている。（4）正しい。保健所の業務には、都道府県知事、保健所設置市長等から委任された業務もある。このため、具体的な業務内容は、地域の実情や設置主体によって異なることがある。

問題2　正解は4番

A：「資格」が入る。美容師法第1条は、「この法律は、美容師の資格を定めるとともに、美容の業務が適正に行われるように規律し、もって公衆衛生の向上に資することを目的とする」としている。B：「業務」が入る。C：「公衆衛生」が入る。

問題3　正解は3番

（1）正しい。美容師法施行規則第1条第2号により、免許を申請するときには「精神の機能の障害に関する医師の診断書」を添付する必要がある。（2）正しい。美容師法第3条第2項第3号に、「免許の取消処分を受けた者」には美容師の免許を与えないことがあると規定されている。（3）誤り。美容師法施行規則第3条第1項は、氏名を変更したときは「30日以内に、名簿の訂正の申請しなければならない」としている。（4）正しい（同施行規則第6条第5項）。

問題4　正解は1番

（1）正しい。美容師法第12条の3では、美容所だけでなく「美容所における美容の業務」も衛生的に管理させるために管理美容師を置くとしている。（2）誤り。管理美容師は「美容所ごとに」置く必要があるため、同一人が同時に複数の美容所の管理美容師にはなれない（同法第12条の3）。（3）誤り。管理美容師を置かなければならないのは、「美容師である従業員の数が常時2人以上」の場合である。このため、従業員が2人以上の場合でも美容師が1人であれば、管理美容師を置く必要はない（同法第12条の3）。（4）誤り。管理美容師は、「美容師の免許を受けた後3年以上美容の業務に従事」する必要があるが、修了しなければならないのは「都道府県知事が指定した講習会」

である（同法第12条の3第2項）。

問題5　正解は4番

（1）誤り。美容師法施行規則第19条第6号には、美容所の開設届に記載すべき美容師の疾病として「結核、皮膚疾患その他厚生労働大臣の指定する伝染性疾病」が示されている。しかし、精神の機能の障害に関する医師の診断書は示されていない。（2）誤り。美容師が結核や伝染性の皮膚疾患にり患したときは、すみやかに届け出なければならない（美容師法第11条第2項）。（3）誤り。施術料金は美容所の開設届出事項ではないため、変更しても届け出る必要はない。（4）正しい。美容所の開設届出事項に変更が生じたときは、すみやかに届け出る必要なければならず（同法第11条第2項）、これを怠った場合には、30万円以下の罰金に処されることがある（同法第18条第2号）。

問題6　正解は4番

（1）正しい。出張美容が認められるのは、美容師法施行令第4条第1号・第2号で定める場合のほか、第3号では都道府県等が条例で定める場合がある。（2）正しい（同施行令第4条第2号）。（3）正しい。（4）誤り。出張美容が認められない場所で美容の業務を行うことは、美容師法第7条違反となる。第7条違反は罰金が科されるのではなく、業務の停止となる（同法第10条第2項）。

問題7　正解は4番

（1）正しい。レーザー脱毛などの医療行為を医師でない美容師が業として行うことは、医師法第17条違反となる。（2）正しい。株式会社日本政策金融公庫法第11条第1号に、美容業等の生活衛生関係営業に対する融資制度として「資金を貸し付ける業務」が示されている。（3）正しい。生活衛生関係営業の運営の適正化及び振興に関する法律（生衛法）第56条の2に、厚生労働大臣は美容業の「振興に必要な事項に関する指針を定めることができる」と示されている。（4）誤り。個人情報の保護に関する法律（個人情報保護法）の個人情報の取扱いの規制は、顧客データ数の多い事業者に限定するものではない。

問題8　正解は2番

（1）正しい。税金には、利益が出ているときに支払う税金、いったん預かる税金、持っているだけで課せられる税金の3種類がある。所得税や法人税は、利益が出ているときに支払う税金である。（2）誤り。源泉所得税は、雇用主が従業員の給与から預かり税務署に支払うものである。（3）正しい。固定資

産税は持っているだけで課せられる税金である。利益状況とは関係なく、経営がうまくいかず赤字の場合でも支払う義務がある。（4）正しい。申告期限までに税を納付しなかった場合には、罰則として延滞税が課せられる。

問題9　正解は3番

（1）正しい。国民年金は国内居住の20歳から60歳未満のすべての人に加入義務がある。（2）正しい。遺族基礎年金は、国民年金の被保険者などが死亡した場合に、死亡した者と生計を維持していた子のある配偶者または未成年の子に対し支給される。（3）誤り。国民年金の第1号被保険者（自営業者等）の保険料は、所得にかかわらず一定である。（4）正しい。届出や申請が必要ではあるが、保険料を納めることが困難な場合は、保険料の免除や納付猶予となる制度が設けられている。

問題10　正解は1番

（1）該当する。雇用保険の給付には、基本手当のほか育児休業給付もある。（2）該当しない。障害補償給付は、労働者災害補償保険（労災保険）の給付である。（3）該当しない。療養補償給付は労災保険の給付である。（4）該当しない。遺族補償給付は労災保険の給付である。

衛生管理
【公衆衛生・環境衛生】

問題11　正解は2番

（1）正しい。妊婦が喫煙した場合、低出生体重児、早産だけでなく、妊娠合併症の危険性も高くなる。（2）誤り。日本の20歳以上の男性の喫煙者率は年々低下傾向にある。ただし、諸外国に比べると依然として高い。（3）正しい。受動喫煙で小児ぜんそくのほか、肺がん、呼吸器疾患、心疾患の危険性も高くなる。（4）正しい。たばこの煙は60種類以上の発がん物質や発がん促進物質を含んでいる。

問題12　正解は4番

（1）誤り。2015年の総人口に占める65歳以上の人口割合（高齢化率）は26.7%である。（2）誤り。2015年時点の高齢化率は、欧米諸国でトップクラスのドイツが20%強であるほか、フランス、英国、米国は20%以下である。したがって、日本の高齢化率は、欧米諸国よりも高い。（3）誤り。高齢化率は2020年で28.6%であり、さらに上昇中である。（4）正しい。日本の人口の高齢化

のスピードは、世界でも類を見ないほど速い。

問題13　正解は4番

（1）正しい。（2）正しい。うつ病は早期に発見し適切な治療をすれば、大部分は改善する。（3）正しい。「健康づくりのための睡眠指針2014」では、快適な睡眠のための「睡眠12箇条」を示している。（4）誤り。自殺による人口10万人あたりの死亡率は、1958年の25.7％をピークに1998年まで低下した。その後、2003年に25.5％まで上昇したが再び低下し、2020年には16.4％になっている。

問題14　正解は3番

（1）正しい。（2）正しい。（3）誤り。カビ（真菌）は不快なにおいだけでなく、肺真菌症やアレルギー症の原因となる。（4）正しい。薬剤を用いる害虫などの化学的駆除は、人やペットに有害なこともある。

問題15　正解は1番

（1）誤り。浮遊粒子状物質とは、大気中に浮遊する粒子状物質であって、粒径が10μm（マイクロメートル）のものをいう。（2）正しい。環境省によって大気中の浮遊粒子状物質に関する環境基準が定められている。（3）正しい。浮遊粒子状物質は、粒径が小さいほど肺胞に達しやすくなり、量や成分とともに大きさも健康に関係がある。（4）正しい。浮遊粒子状物質の成分は、粉じん、アスベストのほか、煤じん、微生物などの病原体とさまざまである。

【感染症】

問題16　正解は3番

（1）誤り。ウイルスは、侵入した細胞のタンパク質合成システムなどを利用して、ウイルス自身のタンパク質などを合成して増殖する。（2）誤り。ウイルスは、DNAとRNAのどちらか1種類の核酸のみをもっている。（3）正しい。ウイルスは生きた細胞の中だけで発育し、増殖する。（4）誤り。ウイルスはしばしば変異を起こす。

問題17　正解は2番

（1）正しい。人体は生まれるとすぐ各種の微生物に汚染され、皮膚や粘膜などに一定の細菌が定着する。（2）誤り。鼻腔に存在するブドウ球菌は感染源となることがある。（3）正しい。（4）正しい。

問題18　正解は1番

（1）誤り。予防接種の対象疾病や実施方法は予防接種法によって定められている。（2）正しい。なお、2023年6月時点では、臨時に行うものは新型コロナウイルス感染症の予防接種だけになっている。（3）正しい。（4）正しい。BCG、B型肝炎など子どもの頃に受ける定期接種Aと、インフルエンザや肺炎球菌など高齢者が受ける定期接種Bがある。

問題19　正解は3番

（1）該当しない。日本脳炎は蚊が媒介して感染する。（2）該当しない。マラリアは蚊が媒介して感染する。（3）該当する。（4）該当しない。破傷風は土壌を原因として感染する。

問題20　正解は3番

（1）誤り。B型肝炎は1～6か月の潜伏期間を経て発病する。（2）誤り。B型肝炎の感染源はキャリアの血液であり、レザーやシザーズによる皮膚の傷から血液が付着し感染する可能性がある。（3）正しい。（4）誤り。B型肝炎は持続性感染が起き、大部分はキャリアである母親からの出産時に感染する。

【衛生管理技術】

問題21　正解は4番

（1）誤り。乾熱より湿熱のほうが殺菌効果はよく、短時間で消毒できる。（2）誤り。蒸気より煮沸のほうが短時間で消毒できる。煮沸消毒は沸騰後2分以上、蒸気消毒は80℃以上で10分間以上必要である。（3）誤り。一般的には、消毒薬の殺菌作用は温度の上昇とともに上がるため、高温の方が有効である。（4）正しい。消毒薬には、対象によって適した濃度がある。高濃度の消毒液は、皮膚に障害を与えたり、消毒の対象物を棄損したりすることがある。

問題22　正解は3番

a：誤り。血液が付着している又はその疑いがあるものの消毒には、紫外線消毒は使用できない。b：誤り。血液が付着している又はその疑いがあるものの消毒に消毒用エタノールを使用する場合は、エタノール水溶液に10分以上浸す必要がある。c：正しい（美容師法施行規則第25条第1号ハ）。d：正しい（同施行規則第25条第1号イ）。

問題23　正解は2番

　a：誤り。両性界面活性剤は結核菌に効果がある。b：正しい。逆性石けんは中性洗剤と荷電が逆のため、併用すると効果が低下する。c：正しい。グルコン酸クロルヘキシジン（クロルヘキシジングルコン酸塩）は細菌の芽胞のほか、結核菌、ウイルスには効果がない。d：誤り。消毒用エタノールは逆性石けんと併用しても、効果が低下することはない。

問題24　正解は1番

（1）誤り。次亜塩素酸ナトリウムは酸性薬品とは併用できないが、石けんとは反応しない。（2）正しい。（3）正しい。（4）正しい。

問題25　正解は2番

（1）誤り。10％逆性石けん液1mLには、0.1mLの逆性石けんが含まれている。水499mLを加えると、$0.1 \div 499 \times 100 ≒ 0.02\%$となる。（2）正しい。10％逆性石けん液1mLに水99mLを加えると、$0.1 \div 99 \times 100 ≒ 0.1\%$となる。（3）誤り。10％逆性石けん液1mLに水49mLを加えると、$0.1 \div 49 \times 100 ≒ 0.2\%$となる。（4）誤り。10％逆性石けん液1mLに水9mLを加えると、$0.1 \div 9 \times 100 ≒ 1.1\%$となる。

保健

【人体の構造及び機能】

問題26　正解は2番

（1）該当しない。正中線とは、人体を左右対称に分ける線である。鼻背は鼻筋のことのため、正中線上にある。（2）該当する。鼻翼は小鼻のことであり、正中線上にはない。（3）該当しない。鼻根は眉間から連続する鼻の付け根のことのため、正中線上にある。（4）該当しない。鼻尖は鼻の尖った部分のことのため、正中線上にある。

問題27　正解は2番

（1）該当しない。咬筋は頭部の筋である。（2）該当する。胸鎖乳突筋は頭部と胸部をつなぐ頸部の筋である。（3）該当しない。三角筋は上腕の筋である。（4）該当しない。広背筋は背部の筋である。

問題28　正解は1番

（1）含まれる。脳は大脳、小脳、脳幹から成る。延髄は、間脳、中脳、橋とともに脳幹に含まれる。（2）含まれない。胸髄は脊髄に含まれる。（3）含

まれない。頸髄は脊髄に含まれる。（4）含まれない。仙髄は脊髄に含まれる。

問題29　正解は2番

（1）含まれる。蝸牛（かぎゅう）は内耳に含まれる。（2）含まれない。鼓膜は中耳に含まれる。（3）含まれる。前庭は内耳に含まれる。（4）含まれる。半規管は内耳に含まれる。

問題30　正解は3番

（1）該当しない。酸素の運搬は赤血球の機能である。（2）該当しない。造血作用は骨髄の機能である。（3）該当する。（4）該当しない。食作用は白血球に含まれる好中球と単球の機能である。

【皮膚科学】

問題31　正解は3番

（1）正しい。（2）正しい。（3）誤り。角化細胞（ケラチノサイト）は表皮の細胞の約95％を占めるが、メラニンはつくらない。メラニンをつくるのは色素細胞である。（4）正しい。

問題32　正解は4番

（1）正しい。（2）正しい。毛は、成長期、退行期、休止期を繰り返す。毛周期は、成長期2年〜6年、退行期2週間、休止期3〜4カ月である。（3）正しい。（4）誤り。脂腺の密度は、体の部位によって異なる。頭部、額、眉間、小鼻、下顎は脂腺が多い。

問題33　正解は2番

（1）誤り。紫外線の照射によって、メラニンが大量につくられ、皮膚の色が黒くなる。（2）正しい。（3）誤り。痛みを感じる点を痛点というが、冷たさを感じる点は冷点という。（4）誤り。体温の調節機能を積極的に行っているのは、汗腺と毛細血管である。

問題34　正解は1番

（1）誤り。思春期になると、男性ホルモンの影響で脂腺が発育して皮脂の分泌が多くなる。（2）正しい。（3）正しい。（4）正しい。

問題35　正解は1番

（1）正しい。（2）誤り。疥癬（かいせん）（ヒゼン）は、ヒゼンダニというダニの一種の寄生によって起こる。（3）誤り。伝染性膿痂疹（のうかしん）（トビヒ）は、表皮が化膿

菌、特にブドウ球菌に感染することによって起こる。（4）誤り。尋常性痤瘡<ruby>（ざそう）</ruby>（ニキビ）は、毛包脂腺系に生じる炎症性疾患である。膿がほかの部分の皮膚について感染が広がるのは、伝染性膿痂疹（トビヒ）である。

香粧品化学

問題36　正解は1番

（1）正しい。シリコーンのうち、低粘度の油状液体をシリコーン油といい、香粧品原料によく使われるものがメチルポリシロキサンである。（2）誤り。ワセリンは炭化水素に含まれる鉱物油である。（3）誤り。ホホバ油は植物性ロウに分類される。（4）誤り。セタノールは高級アルコールに分類される。

問題37　正解は2番

（1）正しい。（2）誤り。油相に水滴が分散している乳化型（タイプ）をW/O型という。（3）正しい。（4）正しい。

問題38　正解は2番

（1）正しい。（2）誤り。パラフィンは融点が高い炭化水素であり、常温で固形であるため口紅などに配合される。金属イオン封鎖剤（キレート剤）のうち代表的なものには、エチレンジアミン四酢酸（エデト酸またはEDTA）がある。（3）正しい。パラアミノ安息香酸エステルはUV-Bを吸収する紫外線吸収剤に使用される。（4）正しい。ジブチルヒドロキシトルエン（BHT）のほか、主に酸化防止剤に使用されるものには、ブチルヒドロキシアニソール（BHA）やトコフェロール（ビタミンE）がある。

問題39　正解は1番

A：「大きく」が入る。pH（水素イオン濃度）は7が中性で、7より大きいとアルカリ性を示し、大きいほどアルカリ性が強いことを意味する。B：「少ない」が入る。アンモニア水もモノエタノールアミンも少ない配合量でpHを大きく上昇させることができる。C：「揮発」が入る。アンモニア水は揮発性が高く、第1剤の作用時間中にアルカリ剤としての作用が低下する。

問題40　正解は3番

（1）正しい。一時染毛料は、タール色素（法定色素）等をアルコールといった溶媒やロウ類などと混合させて、毛髪の表面に付着しやすいようにしたものである。（2）正しい。脱色剤は、過酸化水素がアルカリ剤で分解され酸素を放出し、その酸素がメラニン色素を酸化・分解して毛髪を脱色する。（3）

誤り。酸化染毛剤は1回のシャンプーでは除去されず、色落ちしない。シャンプーのたびに少しずつ除去されるが、2週間から1カ月程度は染毛効果が持続する。（4）正しい。カップラーは単独では発色しないが、染料中間体ととも用いると酸化され、染料中間体単独とは異なった色調に染毛できる。

文化論及び美容技術理論

問題41　正解は2番
（1）正しい。（2）誤り。二百三高地髷は明治37（1904）年の日露戦争の頃に、ひさし髪のことをいうようになった。（3）正しい。（4）正しい。

問題42　正解は1番
（1）誤り。1958年に来日して立体裁断を伝えたのは、ピエール・カルダンである。ソフィア・ローレンは、イタリアの女優である。（2）正しい。ロンドンの街中で着られていた短いスカートを、1960年前後にメアリー・クワント（マリー・クゥント）が商品化したのがミニスカートである。（3）正しい。みゆき族の男性はアイビールック、みゆき族の女性は後ろにリボンのついたロングスカートのリゾート調スタイルであった。（4）正しい。山本耀司、川久保玲はマスコミに「黒の衝撃」「東からの衝撃」などとして取り上げられた。

問題43　正解は2番
（1）正しい。（2）誤り。昼間の略式礼装はディレクターズスーツが着用される。（3）正しい。（4）正しい。夜の略式礼装はタキシードとメスジャケットが着用される。

問題44　正解は4番
（1）正しい。（2）正しい。（3）正しい。（4）誤り。動刃と静刃の間に、凸レンズ状のあきが正確につくられているものがよい。

問題45　正解は2番
（1）正しい。なお、シャンプー剤を用いる前に水だけで洗い流すことを、プレーンリンスとよぶ。（2）誤り。石けんを主剤としたシャンプー剤の使用後は毛髪がアルカリ性に傾くため、酸性のリンス剤が適している。（3）正しい。（4）正しい。パーマネントウェーブやヘアブリーチ、ヘアカラー施術後は毛髪がアルカリ性に傾くため、酸性効果のあるリンス剤を用いる。

問題46 正解は4番

A：「細かい」が入る。B：「直線的」が入る。C：「強い」が入る。ソバージュは「野性的な」という意味である。

問題47 正解は3番

（1）該当しない。アップステムでパネルをシェープしてカットすると、下部の毛髪が長くなる。ワンレングススタイルは上層ほど毛髪が長くなる。（2）該当しない。グラデーションスタイルは段差がつき上層ほど毛髪が長い。（3）該当する。レイヤースタイルは上層より下層の毛髪が長い。（4）該当しない。セイムレングススタイルはパネルを直角（オンベース）にしてカットする。

問題48 正解は4番

（1）正しい。（2）正しい。（3）正しい。（4）誤り。ポインティングカットは、毛先を不ぞろいに尖らせる。パネルの内側の面をテーパーする技法は、インサイドテーパーカットである。

問題49 正解は1番

（1）該当する。（2）該当しない。毛束を止めた部分から毛根までの毛が弾力でロッドの重みに反発する力である。（3）該当しない。ロッドと巻かれた毛の重みである。（4）該当しない。毛の弾力でロッドが逆の回転で元に戻ろうとする力である。

問題50 正解は4番

（1）該当しない。ダウンスタイルとは、頭頂部を中心に、下方にロッド配列していく巻き方である。（2）該当しない。ツイストスタイルとは、毛先にひねり（ツイスト）を入れる巻き方である。（3）該当しない。フォワードスタイルとは、サイドから見ると斜め前方向に、顔を包み込むようにロッドを配列する巻き方である。（4）該当する。リーゼントスタイルとは、後ろに強い方向性をつける巻き方である。

問題51 正解は3番

A：「トロー」が入る。ヘアウエーブのウエーブの変わり目をトロー（谷）とよぶ。B：「リッジ」が入る。凸波と凹波の境目がリッジ（隆起線）である。C：「オープンエンド」が入る。ビギニング（起始点）からの最初の波の部分（凹波の部分）のことである。D：「クローズドエンド」が入る。リッジからエンディング（終止点）までの凸波のことである。

問題52　正解は2番

（1）誤り。染毛剤による抗体は長い時間がかかって体内にできることも多いため、施術の度にパッチテストを行う必要がある。（2）正しい。（3）誤り。テスト液を綿棒にとり、腕の内側に10円硬貨大に塗って自然乾燥させる。（4）誤り。テスト部位の観察は、塗布後30分後くらいと48時間後の2回行う。

問題53　正解は4番

（1）正しい。（2）正しい。（3）正しい。（4）誤り。ラウンドとは、サイドがストレートで、トップが丸くカットされている形をいう。先にいくにつれて細くなったアーモンド形のものはポイントである。

問題54　正解は1番

（1）誤り。接触皮膚炎は初回の施術でも発症することがある。（2）正しい。（3）正しい。刺激性の場合は片側性のこともあるが、アレルギー性の場合は両側に症状が再現される。（4）正しい。

問題55　正解は2番

A：「袖幅」が入る。B：「袖付」が入る。C：「身八つ口」が入る。D：「裄」が入る。

関係法規・制度及び運営管理

問題1　正解は4番

（1）含まれる。美容師法第11条第1項に、美容所を開設しようとする者は、美容所の位置、構造設備、管理美容師その他の従業者の氏名、その他必要な事項を「都道府県知事に届け出なければならない」とされている。（2）含まれる（同法第12条）。（3）含まれる。「都道府県知事は、必要があると認めるときは、当該職員に、美容所に立ち入り、第八条又は前条の規定による措置の実施の状況を検査させることができる」（同法第14条第1項）。（4）含まれない。美容師免許証の交付は、厚生労働大臣が行う事務である（同法第5条の2第2項）。

問題2　正解は3番

（1）正しい（美容師法第5条の2第1項）。（2）正しい（同法第13条4号）。（3）誤り。日本の美容師の免許がなくては、日本国内で美容を業とすることはできない。（4）正しい。厚生労働省からの通知によると、染毛は、理容師法第1条の2第1項・美容師法第2条第1項に準ずる行為であり、理容師か美容師でなければ業として行ってはならない。

問題3　正解は1番

（1）正しい。美容師法第6条に、「無免許営業の禁止」があり、同法第3条第2項第2号に、「第6条の規定に違反した者」には、美容師の免許を与えないことがあるとされている。（2）誤り。免許の申請にあたっての添付書類として必要なのは、「精神の機能の障害に関する医師の診断書」である（美容師法施行規則第1条第2号）。（3）誤り。美容師の免許に更新の手続きは不要である。（4）誤り。免許証の再交付の申請をするには、「申請書を厚生労働大臣に提出」しなければならない（同施行規則第6条第1項）。

問題4　正解は2番

（1）正しい。美容師法第7条に、「美容所以外の場所における営業の禁止」があり、同法第10条第2項に、第7条に違反したとき、「業務を停止することができる」とされている。（2）誤り。免許証を破り、汚し、又は紛失した場合は、「免許証の再交付を申請」することができ（美容師法施行規則第6条第1項）、業務停止処分の対象にはなっていない。（3）正しい。同法第8条に、「美容の業を行う場合に講ずべき措置」があり、同法第10条第2項に、第8条に違反したとき、「業務を停止することができる」とされている。（4）正し

い（同法第10条第2項）。

問題5　正解は4番

A：「届出」が入る。美容所を開設しようとする者は、必要な事項をあらかじめ都道府県知事に届け出なければならない（美容師法第11条第1項）。B：「構造設備」が入る（同法第12条）。C：「罰金刑」が入る。同法第18条第3号に、30万円以下の罰金に処する者として、「第12条の規定に違反して美容所を使用した者」が示されている。

問題6　正解は4番

（1）必要がある。美容所を開設しようとする者は、管理美容師の氏名をあらかじめ都道府県知事に届け出る必要があり（美容師法第11条第1項）、届出事項に変更を生じたときは、すみやかに都道府県知事に届け出なければならない（同法第11条第2項）。（2）必要がある。美容所を開設しようとする者は、従業者の氏名をあらかじめ都道府県知事に届け出る必要があり（美容師法第11条第1項）、届出事項に変更を生じたときは、すみやかに都道府県知事に届け出なければならない（同法第11条第2項）。（3）必要がある。2と同じ。（4）必要がない。美容所の営業日は開設の届出事項ではないため、変更しても届出を行う必要がない。

問題7　正解は3番

（1）誤り。生活衛生関係営業の運営の適正化及び振興に関する法律（生衛法）第6条に、「都道府県ごとに1箇とし、その地区は、都道府県の区域による」とされている。（2）誤り。同法第8条第1項第1号に、料金の「制限」は示されているが、統一することはできない。（3）正しい（同法第8条第1項第7号）。（4）誤り。「営利を目的としないこと」とされている（同法第5条第1号）。

問題8　正解は1番

（1）誤り。小規模であっても、事業者には健康診断の実施が義務付けられている（労働安全衛生法第66条第1項）。（2）正しい（同法第68条）。（3）正しい（同法第65条の3）。（4）正しい（同法第69条第1項）。

問題9　正解は2番

（1）正しい。（2）誤り。障害基礎年金の給付額は、障害の程度（級）ごとに定額で決定されるため、すべて同額ではない。（3）正しい。（4）正しい。

問題10　正解は3番

（1）正しい。健康保険における保険者（運営主体）は、全国健康保険協会と

健康保険組合である。なお、国家公務員、地方公務員、私学の教職員が加入する共済組合の保険者は、各種共済組合である。（2）正しい。（3）誤り。一部負担金は、小学校入学以降70歳未満は3割であるが、70歳以上と小学校入学前は2割である。（4）正しい。

衛生管理

【公衆衛生・環境衛生】

問題11　正解は4番

（1）該当しない。出生率は、1980年13.6、2015年8であり、減少している。（2）該当しない。合計特殊出生率は、1980年1.75で、2015年1.46であり、減少している。（3）該当しない。乳児死亡率は、1980年7.5、2015年1.9であり、減少している。（4）該当する。粗死亡率は、1980年6.2、2015年10.4であり、増加している。

問題12　正解は3番

（1）誤り。平均寿命が男女とも50歳を超えたのは、1947年である。（2）誤り。2015年の平均寿命は、男性80.75歳、女性86.99歳である。女性の平均寿命のほうが男性よりも長い。（3）正しい。（4）誤り。がんの部位別年齢調整死亡率の第1位は、男性は肺がんであるが、女性は大腸がんである。

問題13　正解は2番

（1）正しい。（2）誤り。日本の女性の喫煙者率は、他の先進国に比べて低率である。（3）正しい。（4）正しい。

問題14　正解は4番

A：「17～28」が入る。温度は20℃前後が最も快適である。B：「40～70」が入る。

問題15　正解は1番

（1）誤り。アタマジラミは、幼虫・成虫ともに吸血する。（2）正しい。（3）正しい。（4）正しい。

【感染症】

問題16　正解は1番

（1）誤り。百日せきは飛沫感染である。（2）正しい。（3）正しい。B型肝

炎はキャリアの血液や体液を介して感染する。（4）正しい。

問題17　正解は4番

a：正しい。嫌気性菌は酸素があると発育できない。b：誤り。ウイルスは DNA か RNA のどちらか1種類の核酸だけをもっている。c：誤り。芽胞をもつ細菌は熱や乾燥に対してする抵抗力が強い。d：正しい。

問題18　正解は2番

（1）正しい。（2）誤り。病原体が人体に付着しても、発育・増殖することができずに殺滅され、感染しない場合もある。（3）正しい。（4）正しい。感染しても発病しいないこともあり、不顕性感染といわれる。

問題19　正解は3番

（1）正しい。（2）正しい。（3）誤り。対象疾病によって、接種対象年齢や接種回数は異なる。（4）正しい。なお、2023年6月現在、臨時に行う予防接種は新型コロナウイルス感染症のみである。

問題20　正解は2番

（1）正しい。（2）誤り。麻しんの潜伏期間は10〜14日である。（3）正しい。（4）正しい。麻しんは、コプリック斑のあと、耳の後ろ、頸、顔に淡紅色の小さな発疹が現れ、全身に広がる感染症である。

【衛生管理技術】

問題21　正解は4番

A：「殺菌」が入る。B：「滅菌」が入る。滅菌によって得られた状態を無菌という。C：「消毒」が入る。

問題22　正解は2番

（1）正しい。紫外線は光線の一種であり、陰の部分にはほとんど作用しないため、互いに重なり合わないように配置する。（2）誤り。紫外線は、目や皮膚、粘膜に直接照射すると有害である。（3）正しい。紫外線消毒は、かみそり、かみそり以外の器具で血液が付着しているもの、血液が付着している疑いのあるもの以外の器具に用いる（美容師法施行規則第25条第2号イ）。（4）正しい。紫外線灯は、2,000〜3,000時間の照射で出力が低下するため、定期的な交換が必要である。

問題23　正解は2番

（1）正しい。（2）誤り。逆性石けんは、結核菌に対して効力がない。結核

菌に対して効力があるのは、両性界面活性剤である。（3）正しい。両性界面活性剤は、普通の石けんと荷電が逆であり効力が低下するため、併用しない。（4）正しい。芽胞に効力があるのは、次亜塩素酸ナトリウムである。

問題24　正解は1番

5％次亜塩素酸ナトリウム2mLには、次亜塩素酸ナトリウムが0.1mL含まれている（2mL×5％＝2mL×0.05＝0.1mL）。これを1,000mLにすると、0.1mL÷1,000mL×100＝0.01％である。

問題25　正解は3番

a：誤り。かみそりは、血液が付着していなくても、「専ら頭髪の切断する用途に使用されるもの」を除いて、エタノール水溶液中に10分間以上浸す必要がある（美容師法施行規則第25条第1号ロ）。b：誤り。ヘアドライヤーは、同施行規則第24条の「皮膚に接する器具」に含まれていない（施行規則第24条）。c：正しい（同施行規則第25条）。d：正しい。タオルの消毒は、「10分間以上摂氏80度を超える湿熱」に触れさせる（同施行規則第25条第2号ハ）。

保健
【人体の構造及び機能】

問題26　正解は2番

（1）該当しない。鼻唇溝はほうれい線のことのため、正中線上にはない。（2）該当する。人中は鼻の下から上唇までの窪んだ部分で、正中線上にある。（3）該当しない。鼻翼は小鼻のことのため、正中線上にはない。（4）該当しない。口角は口の端のため、正中線上にはない。

問題27　正解は3番

（1）該当しない。心臓の収縮力を増強するときにはたらくものは、自律神経である。運動神経は体性神経の1つであり、自律神経とは関係がない。（2）該当しない。知覚神経は体制神経の1つであり、自律神経とは関係がない。（3）該当する。交感神経は自律神経の1つで、収縮力増加の作用がある。（4）該当しない。副交感神経は自律神経ではあるが、心臓の収縮力を抑制するするときにはたらく。

問題28　正解は1番

（1）該当しない。鼓膜は中耳にある。（2）該当する。内耳には半規管と前庭がある。（3）該当する。卵形嚢（らんけいのう）は前庭にある。（4）該当する。球形嚢（きゅうけいのう）は

前庭にある。

問題29　正解は4番

（1）含まれない。血小板は血液凝固の機能をもつ。（2）含まれない。リンパ球は免疫反応をつかさどる。（3）含まれない。単球はリンパ球と並ぶ単核白血球である。（4）含まれる。ヘモグロビンは酸素を運搬するタンパク質で、赤血球中にある。

問題30　正解は3番

（1）該当する。内肋間筋は息を吐くときに収縮する。（2）該当する。外肋間筋は息を吸うときに収縮する。（3）該当しない。咬筋は頭部の筋で、咀嚼筋の1つである。（4）該当する。横隔膜は胸腔の下端にあり、呼吸運動に重要な役割を担う。

【皮膚科学】

問題31　正解は3番

（1）誤り。皮膚は、表面より表皮、真皮、皮下組織の3つの層からできている。（2）誤り。角化細胞（ケラチノサイト）が95％を占めるのは、表皮である。真皮は、膠原繊維と弾性繊維の2つでできている。（3）正しい。（4）誤り。色素細胞（メラノサイト）は、皮膚色素をつくる。リンパ球に抗原情報を提示するのは、ランゲルハンス細胞である。

問題32　正解は2番

（1）正しい。（2）誤り。健康な成人では、頭毛の85〜90％が成長期である。（3）正しい。（4）正しい。

問題33　正解は1番

（1）誤り。紫外線によって、メラニンが大量につくられ、皮膚の色が黒くなる。（2）正しい。（3）正しい。（4）正しい。皮脂は、汗と混じり合い乳化した脂肪膜を形成する。脂肪膜は、皮膚や毛から水分が蒸発するのを防ぐ。

問題34　正解は1番

（1）誤り。皮膚は、個人の素因によるだけでなく、環境の影響も受けて老化する。（2）正しい。（3）正しい。（4）正しい。

問題35　正解は4番

（1）正しい。（2）正しい。（3）正しい。（4）誤り。尋常性痤瘡（ニキビ）は、脂腺の多い箇所の毛包にウイルスではなくアクネ桿菌という細菌が増殖

して起きる疾患である。なお、選択肢には「毛『胞』」とあるが、通常は「毛『包』」と表記される。

香粧品化学

問題36　正解は3番

（1）正しい。一般的に、炭素（C）数が12個以上のアルコールが高級アルコールである。（2）正しい。（3）誤り。炭化水素は、石油から得られるもの、動植物から得られるもの、化学合成されるものの3種類がある。（4）正しい。

問題37　正解は4番

A：「陰イオン（アニオン）」が入る。石けんは陰イオン界面活性剤の代表的なものである。B：「乳化」が入る。乳濁液（エマルション）は乳化により得られる。なお、設問では「エマルジョン」とあるが、教科書では「エマルション」と表記されている。C：「第四級」が入る。第四級アンモニウムとは，アンモニア分子が炭素で四置換された有機化合物のことである。

問題38　正解は1番

（1）正しい。（2）誤り。エチレンジアミン四酢酸（エデト酸、EDTA）は、金属イオン封鎖剤の代表的なものである。金属イオン封鎖剤はキレート剤ともよばれ、金属イオンを包み込み、酸化の進行を抑制する効果がある。紫外線吸収剤の代表的なものは、パラアミノ安息香酸である。（3）誤り。グリセリンは保湿剤である。酸化防止剤の代表的なものには、ジブチルヒドロキシトルエン（BHT）がある。（4）誤り。アルキル硫酸ナトリウムは、陰イオン界面活性剤であり、ボディソープやシャンプーに使用される。

問題39　正解は2番

（1）該当する。パーマ剤第1剤は主に還元剤とアルカリ剤から成る。システインは代表的な還元剤である。（2）該当しない。臭素酸ナトリウムは代表的な酸化剤であり、パーマ剤第2剤に配合される。（3）該当する。モノエタノールアミンは代表的なアルカリ剤である。（4）該当する。チオグリコール酸は代表的な還元剤である。

問題40　正解は4番

（1）正しい。サンタン製品は皮膚に炎症を起こさず、健康的で均一な小麦色をつくるのに用いられ、UV-Aを透過させる。（2）正しい。SPF値はUV-B

を防御する程度を示し、PA 値は UV-A を防御する程度を示す。(3) 正しい。酸化チタンは紫外線散乱剤の代表的なものである。(4) 誤り。サンスクリーン製品は UV-B だけでなく UV-A も防御する。

文化論及び美容技能理論

問題41　正解は４番
(1) 正しい。大正時代には男性会社員が増加し、背広上下が普及した。(2) 正しい。(3) 正しい。(4) 誤り。軍服をモデルに国民服がつくられたのは、戦時体制下（昭和15年）である。

問題42　正解は２番
(1) 正しい。ウルフカットは、1970年頃から女性の髪型として流行した。(2) 誤り。セシールカットは、映画「悲しみよこんにちは」のヒロインであるセシールの髪型である。(3) 正しい。(4) 正しい。

問題43　正解は１番
※設問の図（写真）は、著作権法により削除している。
(1) 該当しない。小紋はカジュアルな和装である。(2) 該当する。訪問着と付け下げは女性の準礼装である。(3) 該当する。留袖は既婚者女性の礼装である。(4) 該当する。振袖は未婚者女性の礼装である。

問題44　正解は３番
(1) 該当しない。クリッパーはモーターだけを内蔵する。(2) 該当しない。ワッフルアイロンは発熱器のみを内蔵する。(3) 該当する。ヘアドライヤーは発熱器とモーターの両方を内蔵する。(4) 該当しない。ホットカーラーは発熱器のみを内蔵する。

問題45　正解は１番
(1) 誤り。本レザーの刃線の形態は、外曲線状である。(2) 正しい。(3) 正しい。(4) 正しい。替刃のレザーは、背と切れ刃が平行であり、ねじれがないものがよい。

問題46　正解は２番
(1) 誤り。お湯の温度は38～40℃が適温である。(2) 正しい。(3) 誤り。パーマネントウェーブやヘアカラー施術前のシャンプーは、頭皮をこすらないように、やわらかいタッチで行う。(4) 誤り。シャンプー剤は一度に多量に使用してもあまり効果がない。

問題47　正解は4番

（1）誤り。分割距離錯視とは、縦線で分割した正方形は横長に、横線で分割した正方形は縦長に見える錯視である。（2）誤り。枠組み効果とは、枠組みによって対象の位置がずれて見える錯視である。（3）誤り。ポンゾ錯視とは、奥行きの知覚により同じ長さの線分の長さが異なって見える錯視である。（4）正しい。大きさの対比現象は、大きい円に囲まれた円が実際よりも小さく見える錯視である。

問題48　正解は2番

（1）誤り。ワンレングスカットは、毛髪が自然に落ちる位置にパネルをシェープし、毛髪を同一線上で切るカット技法である。（2）正しい。（3）誤り。レイヤーカットは、毛髪の上層よりも下層が長くなるカット技法である。頭部の形がそのままヘアスタイルのシルエットになるのは、セイムレングスカットである。（4）誤り。セイムレングスカットは、頭皮に対してパネルを直角（オンベース）に引き出し、全体をほぼ同じ長さに切るカット技法である。

問題49　正解は1番

（1）誤り。毛髪上でシザーズを開閉しながらすべらすことで毛量調整するのは、スライドカットである。（2）正しい。（3）正しい。（4）正しい。

問題50　正解は1番

（1）正しい。（2）誤り。ウェーブの大小は、ロッドの太さで決まる。第1剤塗布後の放置タイムの長短でウェーブの強弱を加減することは避ける。（3）誤り。根元は毛先に比べ、パーマがかかりにくい。（4）誤り。トリートメント巻きは、かかりすぎるおそれがある部分の毛髪に行う。

問題51　正解は4番

（1）正しい。（2）正しい。（3）正しい。（4）誤り。ステムの方向は、毛髪の流れに関係する。仕上がり時のボリュームに関係するのは、角度である。

問題52　正解は2番

（1）誤り。スカルプチュアカールは中巻き方式である。（2）正しい。（3）誤り。メイポールカールはストランドカールである。（4）誤り。クロッキノールカールは毛先巻き方式である。

問題53　正解は4番

A：「補色」が入る。補色どうしを混ぜるとニュートラルな茶色になる。B：「紫系」が入る。黄色の補色は紫である。C：「緑系」が入る。赤色の補色は緑である。

問題54　正解は3番

（1）誤り。眉頭に近い部分は立体感が損なわれるため、カットしない。（2）誤り。1本1本の眉毛を植え込むように描くのが基本である。（3）正しい。（4）誤り。アイブロウペンシルで眉毛を1本1本描くことをドローイングという。

問題55　正解は3番

（1）誤り。まつ毛の毛周期は3週間から4カ月である。（2）誤り。エクステンションの装着は、まつ毛の成長期の終わりから退行期が始まる時期が最適である。（3）正しい。（4）誤り。リペアはおおむね2〜3週間で行う。

関係法規・制度及び運営管理

問題1　正解は3番

（1）正しい。美容師法第1条には「公衆衛生の向上に資することを目的とする」とあり、この目的が達成されることによって国民全体の利益を図ることになる。（2）正しい（同法第1条）。（3）誤り。美容業の経営の健全化を促進することにより、美容業の振興を図る法律は、美容師法ではなく、生活衛生関係営業の運営の適正化及び振興に関する法律（生衛法）である。（4）正しい。美容師の資格を定め（美容師法第1条）、美容師の免許を受けた者（同法第2条第2項）でなければ美容を業としてはならない（美容師法第6条）としている。

問題2　正解は2番

（1）誤り。「美容師名簿の登録事項」は美容師法施行規則第2条にあり、美容師の住所は示されていない。したがって、変更したときに訂正の必要はない。（2）正しい。美容師の氏名は美容師名簿の登録事項であり（同施行規則第2条第3号）、変更したときは、30日以内に美容師名簿の訂正を申請しなければならない（同施行規則第3条第1項）。（3）誤り。免許取消処分を受けたときは、速やかに厚生労働大臣に免許許証（免許証明書）を返納しなければならない（同施行規則第7条第2項）。（4）誤り。業務停止処分を受けたときは、速やかに処分を行った都道府県知事、保健所を設置する市の市長又は特別区の区長に免許証（免許証明書）を提出する（同施行規則第7条第3項）。

問題3　正解は3番

（1）該当しない。伝染性の疾病にかかり就業が公衆衛生上不適当と認められる場合は、業務の停止の対象になる（美容師法第10条第2項）。（2）該当しない。衛生上必要な措置を講じなかった場合は同法第8条違反となり、業務の停止の対象になる（同法第10条第2項）。（3）該当する（同法第10条第3項）。（4）該当しない。美容所以外の場所で美容の業をした場合は同法7条違反となり、業務の停止の対象になる（同法第10条第2項）。

問題4　正解は1番

a：正しい（美容師法第12条の3第1項）。b：正しい（同法第12条の3第1項）。c：誤り。管理美容師は、美容の業務を衛生的に管理することも求められている（同法第12条の3第1項）。d：誤り。管理美容師は、美容師の免許

を受けた後３年以上美容の業務に従事し厚生労働大臣の定める基準に従い、都道府県知事の指定した講習会の課程を修了した者でなければならない（同法第12条の３第２項）。

問題５　正解は４番

（１）誤り。美容所の開設者は美容師の免許はなくてもよい。（２）誤り。美容所は構造設備の検査・確認後でなければ使用できない（美容師法第12条）。（３）誤り。福利厚生のための美容所も、「美容の業を行うために設けられた施設」は開設の届出が必要である。（４）正しい（同法第12条の２第２項）。

問題６　正解は１番

（１）該当する（美容師法第15条第１項）。（２）該当しない。構造設備の変更届を怠った場合は、30万円以下の罰金に処される（同法第18条第２号）。（３）該当しない。精神の機能の障害により業務を適正に行うことができない場合は、「同法第３条第２項第１号に掲げる者」に該当し、免許が取り消される（同法第10条第１項）。（４）該当しない。環境衛生監視員による立入検査を妨げた場合は、30万円以下の罰金に処される（同法第18条第４号）。

問題７　正解は２番

（１）誤り。「過度の競争により、組合員が適正な衛生措置を講ずることが阻害されもしくは阻害されるおそれがある」とき（生活衛生関係営業の運営の適正化及び振興に関する法律第８条第１項第１号）、に「適正化規程の設定」ができる（同法第９条第１項）のであり、衛生上の規制措置のためではない。適正化規程は厚生労働大臣ではなく、都道府県の生活衛生同業組合が定める。（２）正しい（同法第８条第１項第８号）。（３）誤り。振興指針を定めることができるの、は厚生労働大臣である（同法第56条の２）。（４）誤り。同法第57条の12の標準営業約款には、営業日の統一については定められていない。

問題８　正解は４番

（１）正しい。（２）正しい。（３）正しい。（４）誤り。１年以内に返済しなければならない借金は、流動負債に分類される。

問題９　正解は４番

（１）誤り。国民健康保険の保険者は、当道府県及び市町村・特別区と国民健康保険組合である。（２）誤り。国民健康保険の保険料は、保険者（市区町村）によって異なる。（３）誤り。健康保険の保険料は被保険者が負担する。（４）正しい。育児休業中だけでなく、産前産後休業中も労使ともに保険料が免除される。

問題10　正解は2番

（1）正しい。（2）誤り。自己都合で退職し失業した場合でも、給付制限期間はあるが、雇用保険の基本手当は支給される。（3）正しい。（4）正しい。

衛生管理

【公衆衛生・環境衛生】

問題11　正解は1番

（1）正しい。（2）誤り。年齢調整死亡率は、年齢構成が異なる集団で死亡率を比較するために、年齢の影響を調整した死亡率である。（3）誤り。がんによる死亡数は増加傾向にある。（4）誤り。粗死亡率は上昇傾向にある。

問題12　正解は2番

（1）誤り。平均寿命の伸長は、栄養や所得などの向上にともなうもので、公衆衛生の向上発展と関係がある。（2）正しい。なお、2020年の日本の平均寿命は、男性81.56歳、女性87.71歳となっている。（3）誤り。女性の平均寿命は世界第1位であるが、男性は世界第2位である。男性の世界第1位はスイスである（2019年）。（4）誤り。日本の平均寿命の男女の差は6年以上である（2020年）。

問題13　正解は3番

（1）該当する。（2）該当する。（3）該当しない。肺炎は感染症である。（4）該当する。

問題14　正解は2番

（1）正しい。（2）誤り。一酸化炭素は無臭である。また、無色・無刺激性でもある。（3）正しい。一酸化炭素の赤血球のヘモグロビンとの結合力は、酸素の200倍以上ある。（4）正しい。

問題15　正解は2番

（1）正しい。太陽の光のうち、雲を通してくる光や北の窓からの光など、直射日光以外の光を天空光という。（2）誤り。一般に日常生活に不自由のない明るさは、200ルクス程度である。（3）正しい。なお、「局『所』照明」であるが、一般的には、「局『部』照明」と表記される。（4）正しい。

【感染症】

問題16　正解は３番

（1）正しい。（2）正しい。（3）誤り。Ｃ型肝炎の主な身体への侵入・媒介経路は輸血（血液）である。（4）正しい。後天性免疫不全症候群（エイズ）の身体への侵入・媒介経路は直接接触（性的接触）・傷口（血液）である。

問題17　正解は３番

（1）誤り。細菌の成分の約80％は水である。（2）誤り。細菌の芽胞は熱や乾燥に強い。（3）正しい。細菌は、発育・増殖に酸素が必要な好気性菌、酸素があると発育・増殖できない嫌気性菌）、酸素があってもなくても発育・増殖できる通性嫌気性菌の３種類がある。多くの細菌は通性嫌気性菌である。（4）誤り。細菌は、生きた細胞内でなくても発育・増殖できる。生きた細胞内でないと発育・増殖できないのはウイルスである。

問題18　正解は４番

（1）正しい。変異によって、細菌の性質が変わることがある。（2）正しい。（3）正しい。変異によって、結核の特効薬であったストレプトマイシンに対して耐性を獲得した結核菌が現れている。（4）誤り。変異によって、細菌の形態が著しく変わることもある。

問題19　正解は１番

（1）誤り。感染とは、体内に侵入した病原体が一定の部位に定着して、そこに拠点を構え増殖する状態をいう。（2）正しい。健康な人であれば真菌による肺炎は起こしにくいが、後天性免疫不全症候群（エイズ）の患者は真菌で肺炎を起こすのは日和見感染症の例である。（3）正しい。（4）正しい。

問題20　正解は２番

ａ：誤り。日本では、2015年の結核の新規登録患者数は18,280人である。ｂ：正しい。ｃ：正しい（感染症の予防及び感染症の患者に対する医療に関する法律第53条の２）。ｄ：誤り。結核により、肺以外にも、骨、関節、腎臓が侵されることがある。

【衛生管理技術】

問題21　正解は３番

Ａ：「殺菌」が入る。Ｂ：「消毒」が入る。Ｃ：「滅菌」が入る。滅菌された

状態を無菌という。

問題22　正解は4番

a：正しい（美容師法施行規則第25条第2号ヘ）。b：誤り。血液が付着しているものには、紫外線消毒は使用できない（同施行規則第25条1号）。c：誤り。かみそりは血液が付着しているかいないかではなく、専ら頭髪を切断する用途で使用されるかどうかで消毒法が変わる（同施行規則第25条1号）。選択肢では専ら頭髪を切断する用途に使用されているとは記載されていないため、エタノール水溶液による消毒は10分間以上浸す必要がある（同施行規則第25条1号ロ）。d：正しい（同施行規則第25条1号ハ）。

問題23　正解は2番

（1）正しい。（2）誤り。消毒薬水溶液の温度は高いほど殺菌効力が増加する。（3）正しい。（4）正しい。80℃を超える湿熱に触れさせる蒸気消毒は10分間以上必要だが（美容師法施行規則第25条第2号ハ）、煮沸消毒は沸騰後2分間以上でよい（同施行規則第25条第2号イ）。

問題24　正解は1番

（1）誤り。逆性石けんと併用すると効果が低下するのは、普通の石けんである。（2）正しい。細菌の芽胞に効果がある消毒液は、美容で使用されるものでは次亜塩素酸ナトリウムくらいである。（3）正しい。（4）正しい。

問題25　正解は2番

5％次亜塩素酸ナトリウム水溶液5mLには、次亜塩素酸ナトリウムが0.25mL入っている（5mL×0.05＝0.25mL）。これを0.1％の水溶液にするには、0.25÷0.1％＝0.25÷0.001＝250から、250mLの溶液にする必要がある。

保健
【人体の構造及び機能】

問題26　正解は4番

（1）該当しない。オトガイ部は顎であり、頰骨部とは接していない。頰骨部と接しているのは、前頭部、眼窩部、眼窩下部、頰部、咬筋部、側頭部である。（2）該当しない。鼻部と頰骨部の間に眼窩下部があるため、頰骨部とは接していない。（3）該当しない。前頸部は喉の部分であり、頰骨部とは接していない。（4）該当する。

問題27　正解は3番

（1）該当しない。海綿質は、海綿状のすき間が骨髄で満たされているものである。（2）該当しない。骨膜は、骨の表面を覆う膜である。（3）該当する。造血作用がある骨髄は、赤い色をしているため赤色骨髄とよばれる。（4）該当しない。緻密質は、かたく骨の外郭をつくるものである。

問題28　正解は2番

（1）該当しない。オトガイ筋はオトガイ部にしわをつくる筋である。（2）該当する。（3）該当しない。頬筋は唇を横に伸ばすときにはたらく筋である。（4）該当しない。前頭筋は額にしわを寄せる筋である。

問題29　正解は2番

（1）該当しない。神経系は、中枢神経系と末梢神経系に分かれる。脳神経は、末梢神経系の脳脊髄神経の1つである。（2）該当する。中枢神経系には脳と脊髄がある。（3）該当しない。自律神経は末梢神経系の1つである。（4）該当しない。体性神経は末梢神経系の1つである。

問題30　正解は1番

（1）関与しない。前庭は平衡感覚を受けもつ。（2）関与する。蝸牛は内耳にあり、聴覚を受けもつ。（3）関与する。耳小骨は音を増幅する。（4）関与する。鼓膜は耳小骨に音（振動）を伝える。

【皮膚科学】

問題31　正解は1番

（1）正しい。表皮は、95％を角化細胞（ケラチノサイト）が占める。角化細胞は、表面より角質層、顆粒層、有棘層、基底層の4つの層からなる。（2）誤り。角化細胞は、外界の化学薬品、熱、寒冷などの刺激から体を守る性質がある。抗原物質（アレルゲン）を取り込むのはランゲルハンス細胞である。ランゲルハンス細胞は免疫に関与する。（3）誤り。約1か月かけて基底細胞から角質細胞に分化するのは角化細胞である。（4）誤り。色素細胞（メラノサイト）の数は、人種や個人に関係なくほぼ同じ数である。

問題32　正解は1番

（1）誤り。胎生毛や軟毛には、毛髄質やメラニンはない。（2）正しい。（3）正しい。（4）正しい。

問題33　正解は3番

（1）正しい。なお、カエルのように薄い湿った皮膚を持つ動物では、皮膚呼吸が行われる。（2）正しい。（3）誤り。皮膚表面の脂肪膜はpHは4.5～6.5と弱酸性であるため、細菌の発育を抑制する。（4）正しい。

問題34　正解は4番

（1）正しい。抗しわ療法として、ボツリヌス毒素を用いてアセチルコリンの放出を抑制し、筋弛緩作用を利用することがある。（2）正しい。便秘になると分解産物が長く腸内にたまり再吸収されるため、尋常性痤瘡（ニキビ）、蕁麻疹、湿疹が悪化することがある。（3）正しい。（4）誤り。UVAは真皮まで達し、色素細胞（メラノサイト）のはたらきを活発にする。

問題35　正解は1番

（1）正しい。（2）誤り。白癬菌は足の病変（足白癬）だけでなく、手の病変も生じる（手白癬）。（3）誤り。アレルギー性の接触皮膚炎（カブレ）は、いったん感作されると使用を中止するまで改善しない。（4）誤り。尋常性疣贅は、ヒト乳頭腫ウイルスが病原体である。

香粧品化学

問題36　正解は4番

（1）誤り。炭素（C）を含む化合物を有機化合物といい、溶媒として用いられる有機化合物を有機溶媒という。水（H_2O）には炭素（C）は含まれていない（H水素とO酸素だけ）のため、無機溶媒になる。（2）誤り。メタノールは毒性が強く、化粧品では配合が禁止されている。（3）誤り。イソプロパノール（2-プロパノール、イソプロピルアルコール）には、殺菌力がある。（4）正しい。

問題37　正解は4番

（1）誤り。セタノールは高級アルコールである。（2）誤り。ワセリンは炭化水素（鉱物油）である。（3）誤り。ステアリン酸は高級脂肪酸である。（4）正しい。システインはパーマ剤に使用されることがある。

問題38　正解は3番

（1）正しい。（2）正しい。（3）誤り。パラフィンは炭化水素（油性原料）である。（4）正しい。パラフェノールスルホン酸亜鉛は陽イオン型収れん剤の代表的なものである。

問題39　正解は1番

（1）誤り。システインは第1剤に含まれ、還元剤の代表的なものである。
（2）正しい。（3）正しい。チオグリコール酸は第1剤に含まれ、システインと並び還元剤の代表的なものである。（4）正しい。

問題40　正解は2番

a：誤り。染毛料は化粧品に分類される。なお、染毛剤は医薬部外品に分類される。b：正しい。c：正しい。d：誤り。パラフェニレンジアミンは無色であり、酸化されると発色する染料中間体である。

文化論及び美容技術理論

問題41　正解は4番

（1）正しい。（2）正しい。日本髪は鬢付け油（固い油）で結い、髪を洗う回数も少ないため非衛生的であった。（3）正しい。（4）誤り。日本髪は、日常的には結われていたが、不便窮屈、非衛生的、不経済、交際上の妨げがあるとして、簡単な洋風の束髪に改めようという束髪運動が始まった。

問題42　正解は3番

（1）該当しない。ヘップバーンカットは1950年代に流行した。（2）該当しない。セシールカットは1950年代に流行した。（3）該当する。（4）該当しない。マッシュルームカットはビートルズのトレードマークであり、1960年代後半に流行した。

問題43　正解は2番

（1）該当しない。紬は高級品であっても、礼装や準礼装とならない。（2）該当する。江戸小紋に一つ紋を付けると女性の準礼装となる。（3）該当しない。浴衣はカジュアルに着るものである。（4）該当しない。紗袷はおしゃれ着である。

問題44　正解は2番

A：「トップポイント」といい、頭部の頂点で正中線上の点である。B：「ゴールデンポイント」という。正中線上で後頭部の一番凸な部分をバックポイントと呼ぶ。そのバックポイントを通る垂直線と、トップポイントを通る水平線の交点から、頭皮に直角に下した正中線上の点である。C：「イヤーポイント」といい、耳の付け根の上の部分である。

問題45　正解は1番

A：「作用点」といい、鋏身の部分で毛髪を切る。B：「支点」といい、シザーズの鋏要（ネジ）が支点となる。C：「力点」といい、母指孔が力点となる。

問題46　正解は4番

（1）該当する。タッピングは、指の掌面を用いて、頭をはじくように叩打する。（2）該当する。ハッキングは、両手の指間を開け、手掌の外側面で軽く交互に叩打する。（3）該当する。カッピングは、手掌をカップ状にくぼませて両手を軽く握り、手の甲で、頭、首、肩をリズミカルに叩く。（4）該当しない。ストローキングは手掌などを用いて軽くこする方法であり、打法ではない。

問題47　正解は2番

（1）正しい。（2）誤り。ドンディスによる形の3つの基本形は、正方形・円・正三角形である。（3）正しい。（4）正しい。

問題48　正解は4番

（1）該当しない。パネルの面を頭皮に対して90度より上の角度で引くことをアップステムという。（2）該当しない。アップステムである。（3）該当しない。パネルの面を頭皮に対して90度に引くことをオンベースという。（4）該当する。パネルの面を頭皮に対して90度より下の角度で引くことをダウンステムという。

問題49　正解は4番

（1）誤り。中間リンス（中間水洗）は、役割を終えた1剤をぬるま湯で完全に洗い流すことである。（2）誤り。ロッドアウト後のプレーンリンスを簡単にすませると、2剤が毛髪に残り、仕上がりの毛髪のごわつき、不快臭や変色などといった損傷の原因になる。（3）誤り。アフターリンスの目的の1つには、アルカリ性になっている毛髪を酸性リンス剤・トリートメント剤でもとの状態にし、膨潤した毛髪を収れんさせることがある。（4）正しい。

問題50　正解は3番

（1）該当しない。スカルプチュアカールは中巻き方式であり、根元から巻きはじめることはない。（2）該当しない。リフトカールはストランドの角度が45度以上に立ち上がって巻かれたものである。（3）該当する。（4）該当しない。クロッキノールカールは毛先巻き方式であり、根元から巻きはじめることはない。

問題51　正解は４番

（１）正しい。（２）正しい。（３）正しい。（４）誤り。プライマリーカラーを２色ずつ混合したものをセコンダリーカラー（第２混合色）という。

問題52　正解は３番

（１）誤り。爪が長い場合は、キューティクルニッパーではなく、ネイルニッパーで爪をカットした後、ファイリングを行う。（２）誤り。ストレスポイントにはファイルを行わない。また、ファイリングは一方向に行い、往復させない。（３）正しい。（４）誤り。ベースコートを塗布する前に油分処理をし、仕上げにトップコートを塗布する。

問題53　正解は１番

（１）正しい。（２）誤り。眉山は、黒目の外側と目尻の間が基本である。（３）誤り。ドローイングは、眉の形をラインではっきりと強調させるため、アイブロウペンシルで１本１本描くことをいう。アイシャドウで眉毛の部分に陰を付け、自然な仕上がりにすることは、シェーディングである。（４）誤り。アーチ形の眉は、眉山から眉尻にかけて丸みのある形に描く。眉頭から眉尻にかけて直線的に描くのはストレート形である。

問題54　正解は３番

（１）誤り。エクステンションは、まつ毛の成長期の終わりから退行期が始まる時期の装着が最適である。（２）誤り。エクステンションは、地肌から１～２mmほど離して接着する。（３）正しい。（４）誤り。施術中グルーが乾くまではコンタクトレンズは使用できないため、眼鏡での来店を勧める。

問題55　正解は１番

（１）誤り。男性用の着物には身八つ口がない。（２）正しい。（３）正しい。（４）正しい。

関係法規・制度及び運用管理

問題1　正解は1番

A：「地域保健法」が入る。1994年の法改正で、保健所法から地域保健法に名称が変更された。B：「保健所設置市又は東京都の特別区」が入る（地域保健法第5条第1項）。C：「立入検査」が入る。都道府県知事は、必要があると認めるときは、環境衛生監視員に美容所の立入検査を行わせることができる（美容師法第14条第1項）。

問題2　正解は4番

（1）誤り。美容師の免許に関する事項を登録する事務は、厚生労働大臣（美容師法第5条の2第2項）、または、厚生労働大臣の指定登録機関（同法第5条の3第1項）である。（2）誤り。美容師が氏名（美容師法施行規則第2条第3号）を変更したときは、30日以内に名簿の訂正を申請しなければならない（同施行規則第3条第1項）。（3）誤り。30日以内に名簿の登録事項の追加を申請しなければならないのは、本籍地都道府県名・外国人の場合の国籍（同施行規則第2条第2号）、氏名・生年月日・性別（同施行規則第2条第3号）に変更が生じたときである。（4）正しい（同施行規則第4条第2項）。

問題3　正解は3番

A：「2」が入る（美容師法第12条の3第1項）。B：「3」が入る。管理美容師資格認定講習会の受講資格が、美容師の免許を受け3年以上美容の業務に従事した者となっている（同法第12条の3第2項）。C：「1」が入る。美容所ごとに、管理者（管理美容師）を置かなければならない（同法第12条の3第1項）。

問題4　正解は3番

（1）正しい。美容師法施行規則第19条第4項に、外国人が開設の届出をする場合についての規定がある。（2）正しい（美容師法第13条第4号）。（3）誤り。美容所の開設者が講ずべき衛生上必要な措置（同法第13条）を怠ったときは、閉鎖を命ぜられる（同法第15条第1項）。（4）正しい。美容師法施行規則第19条第9号に、同一の場所での理容所・美容所の重複開設についての規定がある。

問題5　正解は2番

（1）誤り。美容所の名称（美容師法施行規則第19条第1号）を変更した場合は届出をする必要がある（同施行規則第20条）。（2）正しい（美容師法第11

条第1項）。（3）誤り。届出事項に変更が生じた場合には、すみやかに届け出なければならない（同法第11条第2項）。（4）誤り。開設の届出を怠った場合、30万円以下の罰金に処される（同法第18条第2号）。

問題6　正解は4番

a：正しい。無免許営業の禁止（美容師法第6条）に違反した者は、30万円以下の罰金に処せられる（同法第18条第1号）。（2）b：誤り。業務停止処分に違反した場合は、免許を取り消せられる（同法第10条第3項）。c：誤り。美容所の開設者が管理美容師を設置しない場合は同法第12条の3違反となり、美容所の閉鎖を命ぜられる（同法第15条第1項）。d：正しい。検査確認前に美容所を使用した場合は同法第12条違反となり、30万円以下の罰金に処せられる（同法第18条第3号）。

問題7　正解は1番

A：「厚生労働大臣」が入る（生活衛生関係営業の運営の適正化及び振興に関する法律第56条の2）。B：「生活衛生同業組合」が入る（同法第56条の3第1項）。C：「標準営業約款」が入る（同法第57条の10第5号）。

問題8　正解は3番

（1）正しい。（2）正しい。（3）誤り。固定資産税は、持っているだけで課せられる税金であるため、損失が出ている場合も納付しなければならない。（4）正しい。罰則としての追加の税には、延滞税、過少申告加算税などがある。

問題9　正解は2番

（1）正しい（労働基準法第1条第2項）。（2）誤り。同法第116条第2項に、「同居の親族のみを使用する事業及び家事使用人については、適用しない」とされているが、使用している従業員が1人でもいれば適用される。（3）正しい（同法第69条第1項）。（4）正しい（同法第15条第1項）。

問題10　正解は3番

a：誤り。介護保険の運営主体（保険者）は、市町村および特別区である（介護保険法第3条第1項）。b：誤り。介護保険の被保険者は、第1号被保険者となる65歳以上の者（同法第9条第1号）、または、第2号被保険者となる40歳以上65歳未満の医療保険加入者（同法第9条第2号）である（同法9条）。c：正しい。介護保険の給付には、介護給付（同法第18条第1号）、予防給付（同法第18条第2号）、市町村特別給付（同法第18条第3号）の3つがある。d：正しい（同法第19条第1項）。

衛生管理

【公衆衛生・環境衛生】

問題11　正解は4番

（1）該当しない。肺炎死亡者数は78,445人、心疾患志望者数は205,518人であり、心疾患志望者数の数値のほうが大きい（2020年）。死因別には、がん、心疾患、脳血管疾患、肺炎の順である（2020年）。（2）該当しない。男性の平均寿命は81.64歳、女性の平均寿命は87.74歳であり、女性の平均寿命の数値ほうが6以上大きい（2020年）。（3）該当しない。粗死亡率は人口10万人あたり何人が死亡したのかで表現される。女性の粗死亡率は1,050、男性の粗死亡率は1,178であり、男性の粗死亡率の数値のほうが大きい（2020年）。（4）該当する。死亡数は約137万人、出生数は約84万人で、死亡数の数値のほうが大きい（2020年）。

問題12　正解は2番

（1）正しい。（2）誤り。悪性新生物（がん）の年齢調整死亡率は低下傾向にある。（3）正しい。（4）正しい。

問題13　正解は3番

日本の2015年の高齢化率（総人口に占める65歳以上人口の割合）は26.7％であり、2020年は28.6％である。日本の総人口は1億2,600万人であり（2020年）、1億2,600万人×26.7％≒3,364万人から約3,400万人といえる。

問題14　正解は1番

（1）誤り。空気中の黒カビは、アレルギー反応や咳を引き起こす。（2）正しい。（3）正しい。（4）正しい。

問題15　正解は4番

（1）正しい。下水道の整備により、日常生活の快適性や公衆衛生上の向上のほか、消化器系感染症対策、衛生害虫対策の効果が期待できる。（2）正しい。川や海に放流される水の水質は、下水道法などにより規制されている。（3）正しい。（4）誤り。浄化槽の設置や保守点検に関係する法律として、浄化槽法がある。

問題16　正解は２番

a：誤り。感染症の予防及び感染症の患者に対する医療に関する法律第18条第２項は、一類感染症・二類感染症・三類感染症・新型インフルエンザ等感染症の患者について、感染症を公衆に蔓延（まんえん）させるおそれがあるときは美容の業務に従事できないとしている。後天性免疫不全症候群（エイズ）は五類感染症（同法第６条第６項第４号）であり、該当しない。b：正しい。結核は二類感染症（同法第６条第３項第２号）であり、該当する。c：正しい。エボラ出血熱は一類感染症（同法第６条第２項第１号）であり、該当する。d：誤り。梅毒は五類感染症（同法第６条第６項第６号）であり、該当しない。

問題17　正解は１番と２番

※出題ミスにより正解が２つある。

（1）誤り。予防接種法第９条第１項には、「これらの予防接種を受けるよう努めなければならない」とされている。（2）誤り。予防接種には、定期に行われるもの（同法第５条）、臨時に行われるもの（同法第６条）、希望者が任意で受けるものがあるが、任意で受けるものは予防接種法に基づく予防接種ではない。（3）正しい。（4）正しい。定期予防接種の対象疾病にはA類疾病（同法第２条第２項）、B類疾病がある（同法第２条第３項）。

問題18　正解は１番

（1）正しい。ペストの病原体はペスト菌（細菌）である。（2）誤り。破傷風の病原体は破傷風菌（細菌）である。（3）誤り。ジフテリアの病原体はジフテリア菌（細菌）である。（4）誤り。デング熱の病原体はデングウイルスである。

問題19　正解は３番

（1）該当しない。腸管出血性大腸菌感染症は経口感染である。（2）該当しない。百日せきは飛沫感染である。（3）該当する。風しんは妊婦が感染すると、心臓病などの先天異常のある子どもが生まれる危険性がある。（4）該当しない。コレラは媒介物感染である。

問題20　正解は４番

（1）含まれる。感染症予防の３原則とは、感染源に関する対策、感染経路の遮断、宿主の感受性に関する対策の３つである。（2）含まれる。1と同じ。（3）含まれる。1と同じ。（4）含まれない。1と同じ。

問題21　正解は1番

（1）誤り。紫外線消毒では、タオルやケープなどは表面しか消毒できないため適していない。（2）正しい。（3）正しい。（4）正しい。

問題22　正解は3番

（1）誤り。かみそりの消毒には蒸気消毒は適用できない（美容師法施行規則第25条第1号）。（2）誤り。蒸気消毒は10分間以上必要であり（同施行規則第25条第2号ハ）、煮沸消毒は沸騰後2分間以上である（同施行規則第25条第2号ロ）。（3）正しい。タオル蒸し器内の蒸気は内部にこもらずふたのすき間から逃げるため、圧力は大気圧と同じである。（4）誤り。80℃超100℃未満の蒸気消毒では、細菌の芽胞を不活性化できない。

問題23　正解は1番

（1）正しい。（2）誤り。次亜塩素酸ナトリウム水溶液は無色透明であるが、濃度によっては淡黄褐色になる。また、引火性はない。（3）誤り。両性界面活性剤水溶液は無色である。赤桃色なのはグルコン酸クロルヘキシジンである。（4）誤り。逆性石けんは無色透明であるが、一般の石けんと併用すると消毒力が弱まる。

問題24　正解は2番

（1）誤り。5％次亜塩素酸ナトリウムを50倍希釈すると、5％÷50＝0.1％水溶液になる。（2）正しい。10％逆性石けんを100倍希釈すると、10％÷100＝0.1％水溶液になる。（3）誤り。20％グルコン酸クロルヘキシジンを200倍希釈すると、20％÷200＝0.1％水溶液になる。（4）誤り。15％両性界面活性剤を150倍希釈すると、15％÷150＝0.1％水溶液になる。

問題25　正解は2番

a：誤り。血液の付着しているものには、80℃を超える蒸気に10分間以上触れさせる蒸気消毒は使用できない（美容師法施行規則第25条第1号）。b：正しい（同施行規則第25条第1号ハ）。c：正しい（同施行規則第25条第1号ロ）。d：誤り。血液の付着しているものには、紫外線消毒は使用できない（同施行規則第25条第1号）。

保健
【人体の構造及び機能】

問題26　正解は４番

（1）該当しない。蝶番関節は一方向にのみ屈曲できる。（2）該当しない。鞍関節は二方向に屈曲できるが、球関節ほどは自由に運動できない。（3）該当しない。車軸関節は一方向にのみ屈曲できる。（4）該当する。球関節は最も自由に運動できる。

問題27　正解は４番

（1）含まれる。眼輪筋は表情筋の１つである。（2）含まれる。口輪筋は表情筋の１つである。（3）含まれる。前頭筋は表情筋の１つである。（4）含まれない。側頭筋は咀嚼筋の１つである。

問題28　正解は２番

（1）該当しない。交感神経が優位に機能するときはアドレナリンの分泌が促進される。（2）該当する。（3）該当しない。交感神経が優位に機能するときは心筋収縮力が増加する。（4）該当しない。交感神経が優位に機能するときは消化管機能が抑制される。

問題29　正解は２番

（1）該当しない。虹彩は眼球の前方にあり、網膜にはない。（2）該当する。中心窩は網膜の中央部の凹んだ部分である。（3）該当しない。硝子体は網膜と水晶体で包まれた内腔にある。（4）該当しない。毛様体は眼の前面近く、水晶体の上下にあり水晶体の厚さを調節する。

問題30　正解は１番

（1）含まれる。小循環の経路は、右心室→肺動脈→肺の毛細血管→肺静脈→左心房である。（2）含まれない。1に同じ。（3）含まれない。1に同じ。（4）含まれない。1に同じ。

【皮膚科学】

問題31　正解は３番

（1）正しい。（2）正しい。（3）誤り。顔の皮膚は部位によって厚さに差がある。額、眼瞼、鼻口唇は薄く、頬は比較的厚い。（4）正しい。

問題32　正解は3番

（1）誤り。毛根の下端のフラスコ状に膨らんだ部分を毛球という。（2）誤り。脂腺は、手掌と足底にはない。顔や体の中央部に多く分布し、末端ほど少ない。（3）正しい。（4）誤り。爪の主な成分はケラチンである。

問題33　正解は2番

（1）正しい。（2）誤り。脂腺の発育は、男性ホルモンの刺激によって行われる。（3）正しい。温度と関係なく精神的な感動によって急激に汗が出ることは、精神性発汗と呼ばれる。（4）正しい。

問題34　正解は1番

（1）誤り。肝臓障害によって胆汁色素が皮膚に沈着すると、黄疸で皮膚は黄色を帯びる。（2）正しい。更年期の女性は女性ホルモンの分泌が減り、男性ホルモンとのバランスが乱れ、フケの増加やひげの発育、四肢の硬毛の発育がみられる。（3）正しい。（4）正しい。

問題35　正解は4番

（1）誤り。伝染性軟属腫（ミズイボ）の病原体はウイルスである。（2）誤り。伝染性膿痂疹（トビヒ）の病原体は化膿菌である。（3）誤り。帯状疱疹の病原体はウイルスである。（4）正しい。

香粧品化学

問題36　正解は4番

A：「溶質」が入る。B：「無機」が入る。なお、炭素を含む溶媒を有機溶媒という。C：「収れん」が入る。

問題37　正解は4番

（1）正しい。オリーブ油は植物脂で、油脂の一種である。（2）正しい。ホホバ油は植物性ロウである。（3）正しい。マイクロクリスタリンワックスは鉱物油で、炭化水素である。（4）誤り。ワセリンは鉱物油で、炭化水素である。

問題38　正解は3番

（1）誤り。石けんは陰イオン界面活性剤（アニオン界面活性剤）に分類される。（2）誤り。第四級アンモニウム塩は陽イオン界面活性剤（カチオン界面活性剤）に分類される。（3）正しい。（4）誤り。ラノリンは動物性ロウであり、界面活性剤ではない。

問題39　正解は1番

（1）誤り。過酸化水素は酸化剤として作用する。（2）正しい。（3）正しい。（4）正しい。

問題40　正解は3番

（1）正しい。（2）正しい。（3）誤り。酸化染料は毛皮質の奥深くまで浸透するため、ヘアマニキュアには配合されない。（4）正しい。

文化論及び美容技術理論

問題41　正解は4番

（1）正しい。（2）正しい。（3）正しい。（4）誤り。ヘップバーンスタイルとは、額を半分くらい見せて前髪を切り下げ、両サイドの髪は耳を見せてなでつけたもので、映画「ローマの休日」の中で、オードリー・ヘップバーンが主演した王女の髪型である。後頭部で束ねた毛束を子馬のしっぽのように垂らした髪型は、ポニーテールで、1954年のアメリカ映画「月蒼くして」の中で主演したマギー・マクナマラの髪型である。

問題42　正解は1番

（1）該当しない。GI刈は1945年代から1950年代にかけて流行した男性の髪型である。（2）該当する。ロングヘアは、シンガーソングライター吉田拓郎の「結婚しようよ」（1972年）の歌詞にあるように、男性に普及した。（3）該当する。マッシュルームカットは、1966年に来日した人気ロックグループ・ビートルズのトレードマークであるきのこ型のヘアスタイルである。（4）該当する。アフロヘアは、1960年代の黒人解放運動の「ブラック・イズ・ビューティフル」というメッセージから、黒人の縮れた髪型が流行した。

問題43　正解は1番

（1）誤り。アメリカのアイビースタイルをアメトラ（アメリカン・トラディショナル）ファッションとして定着させたのは、石津謙介である。（2）正しい。（3）正しい。（4）正しい。

問題44　正解は3番

（1）正しい。（2）正しい。（3）誤り。パーマネントウエーブ技術でロッドを巻くときは、頭部が技術者の心臓の高さとなるようにする。（4）正しい。

問題45　正解は4番

（1）誤り。母指で操作する（動かす）ため、動刃という。（2）誤り。ティ

ッシュペーパーをゆっくりと切ってみたときに、すべらずに切れるものがよい。（3）誤り。シザーズを開閉した際に、交点での接触圧が均等であるものがよい。（4）正しい。

問題46　正解は4番

A；「熱」が入る。ヘアアイロンは、アイロンの熱によって毛髪の構造に一時的な変化を与える。B：「フッ素樹脂」が入る。C：「コード」が入る。電熱式ヘアアイロンでは、ニクロム線とコードとの接続部分、コードとプラグとの接続部分が壊れやすい。

問題47　正解は3番

（1）該当しない。スキャルプトリートメントには、物理的方法と化学的方法がある。ブラッシングによる方法は物理的方法である。（2）該当しない。スキャルプマッサージによる方法は物理的方法である。（3）該当する。化学的方法とは、ヘアトニックやスキャルプトリートメント剤などを用い、頭皮と毛髪の生理機能を健康に保持する方法である。（4）該当しない。ヘアスチーマーの温熱を用いる方法は、物理的方法である。

問題48　正解は2番

（1）正しい。黄金比は、パルテノン神殿やピラミッド歴史的な建造物の中に見ることができる。（2）誤り。頭が相対的に大きいと子どもっぽい未成熟な印象を与える。（3）正しい。（4）正しい。人体のプロモーションのカノン（基準）では、水平に伸ばした手の長さと身長は等しく、大の字に寝たときに、両手と両足の先端が円に接する。

問題49　正解は3番

（1）誤り。ブラントカットとは、毛髪を直線でブツ切りにする技法である。カッティングされたラインを修整する技法は、トリミングカットである。（2）誤り。ポインティングカットとは、毛先を尖らせたり軽くしたりする技法である。（3）正しい。（4）誤り。トリミングカットとは、カッティングされたラインを修整する技法である。毛量を減らして調整する技法は、セニングカットである。

問題50　正解は2番

（1）誤り。吸水性毛は薬剤を吸収し、パーマがかかりやすい。（2）正しい。（3）誤り。つけ巻はあらかじめ毛髪に1剤を塗布し、ワインディング後に再び1剤を塗布する方法であるため、パーマがかかりやすくなる。（4）誤り。テストカール時の適正カールの直径は、ロッドの直径の2.5倍である。

問題51　正解は3番

（1）該当しない。スクエアベース（正方形）は、平均したカールやウエーブを出すときに適している。（2）該当しない。オブロングベース（長方形）は、ステムが長く方向を決めやすい。（3）該当する。パラレログラムベースは、ステムをオーバーラップさせやすいため、仕上がりが割れにくい。（4）該当しない。トライアンギュラーベースは、コームアウト時に割れ目ができない。

問題52　正解は1番

（1）誤り。カラーチェックは、1か所ではなく必ず全体数か所で調べる。（2）正しい。頭髪全体を明るくする場合は、染まりにくいネープから塗布する。（3）正しい。（4）正しい。

問題53　正解は1番

（1）誤り。チップとは、チップを爪の先に装着し、人工的に爪の長さを出すテクニックである。（2）正しい。（3）正しい。（4）正しい。

問題54　正解は2番

（1）誤り。施術中に違和感を生じた場合は、施術を中断し、すぐに専門医の診察を受けるように伝える。（2）正しい。（3）誤り。おおむね2〜3週間でリペアが必要となる。（4）誤り。再来時でもカウンセリングはその都度行う必要がある。

問題55　正解は4番

A：「前髪」が入る。B：「鬢」が入る。C：「髱」が入る。

関係法規・制度及び運営管理

問題1　正解は1番

（1）正しい。保健所は、地域の公衆衛生活動の中心となる公的機関である。（2）誤り。保健所はあくまでも公衆衛生に重点を置いている。（3）誤り。「保健所法」は「地域保健法」に改称された。（4）誤り。人口動態統計や精神保健に関する事項も行っている。

問題2　正解は2番

A：「結髪」が入る。美容師法第2条第1項には、「パーマネントウエーブ、結髪、化粧等の方法により、容姿を美しくすること」と定義されている。B：「美しくする」が入る。Aと同じ。C：「美容を業と」が入る。同法第6条に「美容師でなければ、美容を業としてはならない」とある。

問題3　正解は1番

（1）誤り。厚生労働大臣が指定する（美容師法第4条の2）。（2）正しい。同法第4条第3項にその通りの規定がある。（3）正しい（美容師法施行規則第16条）。（4）正しい（同施行規則第13条）。

問題4　正解は1番

a：正しい。美容師の免許は美容師試験に合格しても自動的にはもらえず、申請し美容師名簿に登録されなければいけない（美容師法第5条の2）。b：正しい。美容師の免許は同法第3条第2項により、①心身の障害により美容師の業務を適正に行うことができない者、②無免許で美容を業とした者、③免許の取消処分を受けた者には与えられないことがある。c：誤り。同法第10条第1項・第3項では美容師免許を取り消される場合が定められている。①心身の障害により美容師の業務を適正に行うことができない者として厚生労働省令で定めるもの（同法第3条第2項第1号）、②業務停止処分に違反したとき（同法第10条第3項）。したがって、一度与えられれば取り消されないというわけではない。d：誤り。免許証を紛失したときに美容の業を行えないという規則はないので、紛失しても美容の業は行える。

問題5　正解は1番

（1）誤り。伝染病にかかっていること自体を理由に免許が与えられないことはない（美容師法第3条第2項）。（2）正しい（同法第10条第2項）。（3）正しい（同法第11条第2項）。（4）正しい（美容師法施行規則第19条第6項）。

問題6　正解は4番

a：正しい。皮膚に接する布片は客1人ごとに取り替え、皮膚に接する器具は客1人ごとに消毒することと、美容師法第8条第2号で定められている。b：誤り。美容の業を行う場合に講ずべき措置は美容師の義務である。c：誤り（同法第8条第2号）。d：正しい（同法第8条第3号）。

問題7　正解は4番

a：正しい。美容の業務停止は美容師法第10条に定めるが、①美容所以外の場所での営業違反の場合（同法第7条違反）、②衛生措置違反の場合（同法第8条違反）、③美容師が伝染病で就業が不適当な場合の3つの場合のみである。aは①のケースだから、業務停止になる。b：誤り。免許を紛失しても業務は可能である。また、再交付の申請を行うことができる。c：誤り。aの①〜③のいずれにも該当しない。d：正しい。a②のケースである。

問題8　正解は4番

（1）誤り。相続人は開設の届出を行う必要はなく、地位を継承したことを証する書面を添えて届け出ればよい（美容師法第12条の2第2項）。（2）誤り。そのような制限は法律にはない。（3）誤り。事前に届け出る必要はなく、事後に速やかに届け出ればよい（同法第11条第2項）。（4）正しい（美容師法施行規則第19条第6項）。

問題9　正解は1番

（1）正しい（美容師法第11条の2）。（2）誤り。建て替え後の新しい構造設備で検査を受ける必要がある（同法第12条）。（3）誤り。届出の変更の場合は、原則として衛生措置の検査確認は不要である。（4）誤り。届出は開設者が行う。

問題10　正解は3番

（1）正しい（美容師法施行規則第26条第2号）。（2）正しい（同施行規則第26条第3号）。（3）誤り。作業面の照度は100ルクス以上である（同施行規則第27条第1号）。（4）正しい（同施行規則第27条第2号）。

問題11　正解は1番

（1）正しい。美容の業は原則として美容所で行うものだが、政令で定める特別な事情がある場合は美容所以外で行うことは美容師法第7条で認められている。（2）誤り。婚礼その他の儀式に参列する者に対して美容所以外の場所で業務を行うことができるのは、儀式の直前のみ（美容師法施行令第4条第2号）で、いつでもできるわけではない。（3）誤り。同法第7条の「美容所

以外の場所で美容の業を認める特別な事情」は「政令」で定める場合であって、厚生労働省令ではない。（4）誤り。美容所以外の場所で業務を行う場合を都道府県が条例で定めることはできる（同施行令第4条第3号）が、それを厚生労働大臣に届け出る必要はない。

問題12　正解は1番

a：正しい（美容師法第4条の13第2項）。b：正しい。立入検査は、美容所の開設者（同法第13条）と美容師（同法第8条）が必要な衛生措置を講じているかを検査するものである。c：誤り。罰金は30万円である（同法第18条第4号）。d：誤り。立入検査の対象は美容所のみである（同法第14条）。

問題13　正解は2番

（1）正しい（美容師法第15条第1項）。（2）誤り。都道府県知事ではなく厚生労働大臣が免許を取り消す（同法第10条第3項）。（3）正しい（同法第15条第1項）。（4）正しい（行政手続法第13条）。

問題14　正解は3番

a：適用されない。業務停止処分に違反した場合は罰金ではなく、免許が取り消される（美容師法第10条第3項）。b：適用されない。美容所の講ずべき措置（同法第13条）を講じなかった場合は罰金ではなく、美容所が閉鎖される（同法第15条第1項）。c：適用される。同法第18条第2号のとおり。d：適用される。同法第18条第3号のとおり。

問題15　正解は3番

（1）正しい。「生活衛生関係営業の運営の適正化及び振興に関する法律」は、美容業を含むいわゆる生活衛生関係営業についての法律で、営業の振興計画、標準営業約款等についても規定している。（2）正しい。（3）誤り。いわゆる「感染症法」では、結核についても規定している。（4）正しい。

問題16　正解は3番

（1）正しい（労働基準法第9条）。（2）正しい（同法第5条）。（3）誤り。美容所の使用者は、契約の際に従業者に労働条件を明示する必要がある（同法第15条第1項）。（4）正しい（同法第34条・第35条）。

問題17　正解は3番

（1）誤り。所得税は個人に利益が出ているときに、個人が支払う税金である。（2）誤り。法人税は法人に利益が出ているときに、法人が支払う税金である。（3）正しい。（4）誤り。固定資産税は土地建物の所有者が支払う税金である。

問題18　正解は4番

（1）誤り。厚生年金保険は、適用事業所に使用される原則70歳未満の者が被保険者になる。（2）誤り。国民年金による給付は、老齢基礎年金だけでなく、障害基礎年金、遺族基礎年金がある。（3）誤り。老齢基礎年金の給付額は、保険料納付済期間などによって決定される。（4）正しい。

問題19　正解は2番

（1）誤り。法人の事業所は、業種や人数に関わらず強制的に厚生年金保険の適用事業所となる。（2）正しい。（3）誤り。育児休業中の医療保険の保険料は免除される。（4）誤り。自営業者や学生は、国民年金の強制加入被保険者である。

問題20　正解は2番

（1）該当する。（2）該当しない。療養補償給付は労働者災害補償保険の給付である。（3）該当する。（4）該当する。

問題21　正解は4番

（1）該当する。（2）該当する。（3）該当する。（4）該当しない。育児休業給付は雇用保険の給付である。

衛生管理
【公衆衛生・環境衛生】

問題1　正解は3番

（1）誤り。保健所は、都道府県のほか、指定都市・中核市・特別区、政令で定める市（保健所政令市）も設置できる。（2）誤り。美容所の開設の際の検査確認や立入検査は、保健所の業務である。（3）正しい。（4）誤り。治療方法が確立していない疾病により長期療養を必要とする者の保健に関する事項は、保健所の業務である（地域保健法第6条11号）。

問題2　正解は4番

（1）含まれる（母子保健法第16条）。（2）含まれる（同法第13条）。（3）含まれる（同法第11条）。（4）含まれない。児童虐待の捜査は、児童虐待の防止等に関する法律（児童虐待防止法）の対象である。

問題3　正解は3番

（1）正しい。（2）正しい。（3）誤り。1人の女性が一生の間に産む子どもの数を合計特殊出生率というが、2015年では1.8人である。（4）正しい。

問題4　正解は3番

（1）正しい。0歳児についての死亡率というのが乳児死亡率の定義である。（2）正しい。出生1,000人に対して生後1年未満で何人死亡したかを示すのが乳児死亡率である。（3）誤り。2020年のわが国の乳児死亡率は1.8人である。（4）正しい。

問題5　正解は3番

（1）正しい。2022年の目標として、20〜64歳の男性で9,000歩、20〜64歳の女性で8,500歩が掲げられている。（2）正しい。（3）誤り。激しい運動は健康維持には必要ではない。（4）正しい。

問題6　正解は1番

（1）該当しない。大腸がんは、糖尿病に関連した合併症ではない。（2）該当する。糖尿病の合併症は、腎機能障害、失明など、血管障害、神経障害が主である。（3）該当する。（4）該当する。

問題7　正解は2番

（1）正しい。（2）誤り。男性の喫煙者率は、年々低下傾向にある。（3）正しい。（4）正しい。

問題 8　正解は 3 番

（1）正しい。（2）正しい。（3）誤り。特定健康診査・特定保健指導の対象者は、40 〜 74 歳である。（4）正しい。

問題 9　正解は 4 番

a：正しい。がん（悪性新生物）、脳卒中（脳血管疾患）、心臓病（心疾患）が生活習慣病の典型である。b：誤り。喫煙や飲酒は疾病の発症に関与している。c：誤り。男性では「肺がん」が「胃がん」を上回る。d：正しい。

問題 10　正解は 1 番

（1）誤り。早期発見は第二次予防である。（2）正しい。適度な運動と休養は健康増進に資する。（3）正しい。第二次予防は早期発見・早期治療である。（4）正しい。第三次予防は再発防止とリハビリテーションである。

問題 11　正解は 2 番

（1）正しい。（2）誤り。第一次予防に重点を置いている。（3）正しい。（4）正しい。

問題 12　正解は 3 番

（1）誤り。介護保険制度は2000年から実施されている。（2）誤り。運営は主に市町村と東京都の特別区（23区）が行っている。（3）正しい。（4）誤り。在宅サービスも有料である。

問題 13　正解は 1 番

（1）含まれる。（2）含まれない。有毒ガスは化学的環境要因である。（3）含まれない。衛生害虫は生物学的環境要因である。（4）含まれない。経済は社会的環境要因である。

問題 14　正解は 2 番

（1）正しい。（2）誤り。紫外線は物理的環境要因に含まれる。（3）正しい。（4）正しい。

問題 15　正解は 3 番

（1）誤り。空気は約 8 割弱が窒素、約 2 割強が酸素、その他は微小である。（2）誤り。（3）正しい。（4）誤り。

問題 16　正解は 1 番

（1）誤り。作業能率増進には、比重、圧縮性、弾性、伸縮性が関係する。（2）正しい。（3）正しい。（4）正しい。

問題 17　正解は 2 番

（1）正しい。（2）誤り。労働安全衛生法で規定されている湿度は40 〜 70%

である。（3）正しい。（4）正しい。

問題18　正解は4番

（1）正しい。（2）正しい。（3）正しい。（4）誤り。気化熱の利用によるものは、冷房である。

問題19　正解は2番

A：「二酸化炭素」が入る。呼吸で排出されるのは二酸化炭素である。B：「二酸化炭素ガス」が入る。燃焼による暖房は二酸化炭素ガスを排出する。

問題20　正解は3番

（1）正しい。（2）正しい。（3）誤り。浄化槽とは、し尿（水洗トイレ）と生活排水（台所、風呂、洗面所、洗濯排水など）を併せて処理する施設（合併浄化槽）である。（4）正しい。

【感染症】

問題21　正解は2番

（1）誤り。芽胞は一部の細菌が形成するものである。（2）正しい。（3）誤り。ウイルスは、人工培地のような生体細胞でないところでは増殖できない。（4）誤り。ウイルスにはDNAのみをもつものとRNAのみをもつものがあるが、両方をもつものはない。

問題22　正解は3番

（1）誤り。インフルエンザは五類感染症である。（2）誤り。ペストは一類感染症である。（3）正しい。（4）誤り。細菌性赤痢は三類感染症である。

問題23　正解は1番

（1）該当する。感染症の予防及び感染症の患者に対する医療に関する法律（感染症法）18条で、就業制限対象のとなる感染症は、一類感染症、二類感染症、三類感染症、新型インフルエンザ等感染症と定めている。結核は二類感染症である。（2）該当しない。麻しんは五類感染症である。（3）該当しない。破傷風は感染症法の対象疾病ではない。（4）該当しない。A型肝炎は四類感染症である。

問題24　正解は1番

（1）誤り。A型肝炎は経口感染である。（2）正しい。（3）正しい。（4）正しい。

問題25　正解は1番

（1）該当する。（2）該当しない。日本脳炎は蚊が媒介して感染する。（3）該当しない。コレラは飲食物を介して感染する。（4）該当しない。マラリアは蚊が媒介して感染する。

問題26　正解は2番

（1）該当しない。急性灰白髄炎（ポリオ）は飲食物を介する感染症である。（2）該当する。（3）該当しない。後天性免疫不全症候群（エイズ）は血液等を介する感染症である。（4）該当しない。日本脳炎は蚊が媒介する感染症である。

問題27　正解は3番

（1）該当しない。日本脳炎は蚊による媒介動物感染で感染する。（2）該当しない。コレラは飲食物による媒介物感染で感染する。（3）該当する。麻しんは飛沫感染や飛沫核感染で感染する。（4）該当しない。後天性免疫不全症候群（エイズ）は接触感染や血液の媒介物感染で感染する。

問題28　正解は1番

（1）該当する。おおまかにいえば、ウイルスは0.01μm（マイクロメートル）単位で、リケッチア、クラミジアは0.1μm単位、細菌は1μm単位であるから、ウイルスが最も小さい。（2）該当しない。1と同じ。（3）該当しない。1と同じ。（4）該当しない。1と同じ。

問題29　正解は2番

（1）該当しない。麻しんはウイルスによるものである。（2）該当する。リケッチアによるものには、ツツガムシ病の他にQ熱がある。（3）該当しない。ジフテリアは細菌によるものである。（4）該当しない。マラリアは原虫によるものである。

問題30　正解は3番

（1）該当しない。インフルエンザは「ウイルス」が病原体である。（2）該当しない。トラコーマは「クラミジア」が病原体である。（3）該当する。破傷風は「菌」が病原体である。（4）該当しない。ツツガムシ病は「リケッチア」が病原体である。

問題31　正解は4番

（1）正しい。コレラ・細菌性赤痢などは消化器系感染症に分類され、つまりは病原体に汚染された飲食物の摂取で感染する。（2）正しい。B型肝炎は輸血等で感染する。（3）正しい。マラリアと日本脳炎は蚊（節足動物の一種に

なる。ほかにはシラミ、ノミ、ゴキブリなど）から感染する。（4）誤り。梅毒は主に患者との性交や接吻（せっぷん）で、C型肝炎は主に輸血で感染する。

問題32　正解は2番

（1）誤り。細菌は種類によっては酸素がなくても増殖するものもあるが、どの種類も水分は必要である。細菌は発育・増殖に必要な栄養分をすべて水に溶けた状態で吸収するためである。（2）正しい。（3）誤り。一部の細菌は、環境が成育に不適当な状態になると芽胞という耐久形をつくる。芽胞は100度の加熱にも耐えることができる。（4）誤り。細菌には、土壌中に存在する破傷風菌やガス壊疽（えそ）菌など、酸素が有害な存在で、酸素があると発育できないか死滅する細菌もある。

問題33　正解は2番

（1）誤り。細菌には、酸素があると発育できないか死滅する嫌気性菌や、酸素があってもなくても発育できる通性嫌気性菌がある。（2）正しい。（3）誤り。細菌の増殖は2分裂で行われるが、ウイルスは細胞吸着→細胞内侵入→細胞内での成熟と増殖→細胞外放出という過程を経る。（4）誤り。ウイルスは生きた細胞の中でのみ増殖できる。

問題34　正解は2番

（1）誤り。芽胞を作るのは細菌の一部である。（2）正しい。（3）誤り。結核菌は芽胞を作らない細菌である。（4）誤り。栄養型は増殖している細菌のことをいうが、芽胞は休眠型である。

問題35　正解は2番

（1）該当しない。日和見感染とは、健康な人では通常感染を起こさないような弱毒の微生物で感染・発病することをいう。（2）該当する。（3）該当しない。不顕性感染とは、感染したが発病しない状態をいう。（4）該当しない。垂直感染とは、妊娠中に感染している母体から胎児に胎盤を介して起こる感染をいう。胎内感染ともいう。

問題36　正解は3番

（1）誤り。B型肝炎の潜伏期は約1か月から6か月である。（2）誤り。後天性免疫不全症候群（エイズ）の潜伏期は数か月から約5年である。（3）正しい。（4）誤り。腸管出血性大腸菌感染症の潜伏期は約4日から8日である。

問題37　正解は4番

（1）該当する。（2）該当する。（3）該当する。（4）該当しない。患者の入院治療は感染源の遮断に該当する。

問題38　正解は2番

（1）正しい。（2）誤り。ネズミや昆虫は感染症を媒介するため、駆除は感染経路対策である。（3）正しい。（4）正しい。

問題39　正解は3番

（1）誤り。腸管出血性大腸菌感染症は加熱でも消毒剤でも容易に死滅する。（2）誤り。腸管出血性大腸菌感染症の特徴は、大腸菌のなかでも毒力が強いベロ毒素を出すことである。（3）正しい。現在の感染症法では腸管出血性大腸菌感染症は三類感染症に分類されている。（4）誤り。主な感染経路は飲食物等を通じての経口感染である。

問題40　正解は3番

（1）正しい。（2）正しい。（3）誤り。O157による腸管出血性大腸菌感染症の潜伏期は4～8日である。（4）正しい。

問題41　正解は2番

（1）誤り。インフルエンザは急性伝染病である。（2）正しい。病原体はウイルスで、不顕性感染者の鼻汁、痰、唾等の飛沫感染により感染する。（3）誤り。呼吸器系伝染病である。（4）誤り。一般に秋から多くなり、冬から春先に流行する。

問題42　正解は1番

（1）誤り。原則入院となるのは一類感染症であり（感染症予防法第19条）、腸管出血性大腸菌感染症には法律上の入院義務はない。（2）正しい。同法第18条で就業制限を定められている。（3）正しい。同法第12条で医師の届け出義務を規定されている。（4）正しい。疑似症についての規制はなされていない。

問題43　正解は4番

（1）誤り。百日せきは5月～9月に多く発生する。（2）誤り。コプリック斑は、はしか（麻しん）の症状である。風しんの症状は軽い発熱と同時に発しんがでる。（3）誤り。かつて血清肝炎とよばれていた。（4）正しい。

問題44　正解は2番

（1）正しい。予防接種法第2条第2項第4号に定められている。（2）誤り。おもな感染経路は空気感染である。（3）正しい。麻しんの病原体がウイルスであることは頻出。（4）正しい。感染力は非常に強い。

問題45　正解は2番

（1）正しい。（2）誤り。麻しんの感染力は強い。（3）正しい。（4）正しい。

問題46　正解は3番

（1）正しい。（2）正しい。（3）誤り。結核の死亡率のピークは高齢者にある。（4）正しい。

問題47　正解は4番

（1）正しい。（2）正しい。（3）正しい。（4）誤り。B型肝炎予防のためのワクチンは、1984年に開発・実用化されている。

問題48　正解は2番

（1）正しい。A型肝炎は食べ物を介してうつるのが典型的。つまり経口感染である。（2）誤り。B型肝炎にもワクチンがある。（3）正しい。C型肝炎の主な感染経路は輸血である。（4）正しい。ウイルス肝炎の症状はかぜのような症状で、全身倦怠、食欲不振などがあり、その後に黄疸が出る。

問題49　正解は4番

a：正しい。b：誤り。エイズは感染後、数カ月から約5年の潜伏期を経て、10〜30％の人が発病する。c：誤り。エイズの予防接種で有効なものは、まだない。d：正しい。

【衛生管理技術】

問題50　正解は3番

a：誤り。「滅菌」の定義である。「消毒」は感染力を失わせる程度の殺菌でよく、「無菌」状態を作り出すことではない。b：誤り。「滅菌」ではなく「消毒」の定義である。c：正しい。d：正しい。

問題51　正解は1番

（1）誤り。湿熱の方が、殺菌効果が高い。（2）正しい。（3）正しい。（4）正しい。

問題52　正解は3番

（1）該当しない。グルコン酸クロルヘキシジンは、その水溶液中に10分間以上浸す必要がある。（2）該当しない。両性界面活性剤は、その水溶液中に10分間以上浸す必要がある。（3）該当する。（4）該当しない。逆性石けんは、その水溶液中に10分間以上浸す必要がある。

問題53　正解は2番

（1）誤り。消毒液はエタノールは7日以内、その他は毎日交換する必要がある。（2）正しい。塩素剤は原則として冷暗所（15℃以下）で保存である。

（3）誤り。子供の手の届くところに置いてはいけない。（4）誤り。希釈液は効果が落ちやすいので、希釈しての保存は避ける。

問題54　正解は4番

a：正しい。エタノール以外の消毒薬使用液は毎日取り替える。b：誤り。aと同じ。c：誤り。aと同じ。濃度による違いはない。d：正しい。エタノールは蒸発や汚れの程度にもよるが7日以内に取り替える。

問題55　正解は2番

a：誤り。消毒薬の殺菌作用は化学反応なので、乾燥した状態では進行しにくい。b：正しい。蒸気消毒は10分以上（美容師法施行規則第25条第2号ハ）で、煮沸消毒は2分以上（同施行規則第25条第2号ロ）である。c：正しい。d：誤り。水分が多いほうが低い温度で熱変性を起こしやすいので、湿熱のほうが殺菌効果が高い。

問題56　正解は3番

（1）正しい。（2）正しい。（3）誤り。アルコールは他の消毒液とは反応しないので、いろいろな消毒薬と混用することができる。（4）正しい。

問題57　正解は1番

（1）正しい。日光にさらすと分解して効力がなくなる。（2）誤り。エタノールは揮発性があるので、濃度変化を起こしやすい。（3）誤り。逆性石けんは無臭である。（4）誤り。プラスチックやゴムを劣化させるのはエタノールである。

問題58　正解は4番

（1）誤り。美容師法施行規則第25条によると、煮沸は2分以上である。（2）誤り。同条によると、紫外線消毒は20分以上である。（3）誤り。同条によると、逆性石けん消毒は10分以上である。（4）正しい。

問題59　正解は4番

a：正しい。b：誤り。アルコール（エタノール）は芽胞を有する菌には効力がない。c：誤り。逆性石けんは、結核菌や多くのウイルスに対して効果がない。d：正しい。

問題60　正解は3番

（1）誤り。エタノールは芽胞のある菌には効力がない。（2）誤り。逆性石けんは、普通の石けんと一緒に用いると効力がなくなる。（3）正しい。（4）誤り。次亜塩素酸ナトリウムは分解しやすく不安定で、濃度変化を起こしやすい。

問題61　正解は2番

A：「次亜塩素酸ナトリウム」が入る。Aは結核菌に効果はないがウイルスには効果があるということだから、そういう特性のものは次亜塩素酸ナトリウムだけである。B：「逆性石けん」が入る。結核菌とウイルスのいずれにも効果がないのは、グルコン酸クロルヘキシジンと逆性石けんがあるが、Aに次亜塩素酸ナトリウムが入るのは2番しかないので（これが正解）、逆性石けんになる。C：「両性界面活性剤」が入る。結核菌に効果があって、ウイルスには効果がないのは両性界面活性剤だけである。下の表は主要な消毒薬と結核菌、ウイルスへの効果の一覧表である。○は消毒効果があることを意味する。

消毒薬	結核菌	ウイルス
エタノール	○	○
グルコン酸クロルヘキシジン	×	×
逆性石けん	×	×
次亜塩素酸ナトリウム	×	○
両性界面活性剤	○	×

問題62　正解は1番

a：正しい。美容師法施行規則第25条第2号イのとおりである。b：正しい。c：誤り。紫外線は光だから陰になる部分は消毒できない。d：誤り。波長が短くても、陰になる部分には到達しない。

問題63　正解は1番

（1）適用できない。美容師法施行規則第25条によれば、血液が付着またはその疑いがある器具以外の器具の消毒は、1平方センチメートルあたり85マイクロワット以上の紫外線を20分間以上照射する方法が認められている（同2号イ）。したがって、問題の選択肢のいずれもが、血液が付着又はその疑いがあるものではないので、施行規則上の問題ではなく、紫外線消毒の性質に伴う制約である。紫外線は光線の一種であるから、陰の部分が多くある物の消毒には適さない。したがって、タオルの消毒には向かない。（2）適用できる。（3）適用できる。（4）適用できる。

問題64　正解は3番

a：誤り。紫外線はすべての微生物に効果がある。b：誤り。蒸し器内の気圧は1気圧に維持される。c：正しい。血液が付着したかあるいは付着した

疑いのある器具の消毒は煮沸消毒、エタノール、次亜塩素酸ナトリウムだけである。d：正しい。2分程度の煮沸消毒では芽胞を死滅させることはできない。

問題65　正解は4番

a：正しい（美容師法施行規則第25条第1号ハ）。b：誤り。血液が付着した疑いがある器具の消毒に蒸気は使えない。c：誤り。紫外線消毒も、血液が付着した疑いがある器具の消毒には使えない。d：正しい（同施行規則第25条第1号イ）。

問題66　正解は4番

（1）誤り。次亜塩素酸ナトリウムは結核菌には効かない。（2）誤り。アルコールは結核菌を殺菌できる。（3）誤り。紫外線消毒は、光が届く表面だけにしか効果はない。（4）正しい。タオルなどの消毒するものが80℃以上になる必要がある。

問題67　正解は3番

（1）誤り。たとえば、煮沸消毒ではプラスチックは変形してしまうので、適切な消毒方法とはいえない。（2）誤り。アルコールは目安として7日以内に取り替えればよい。他の希釈した消毒薬は毎日取り替える必要がある。（3）正しい。（4）誤り。一度にたくさん作ると、使い切る前に変質するおそれがある。

問題68　正解は2番

a：誤り。血液付着（疑い含む）の器具の消毒は、①2分以上の煮沸消毒、②エタノールに10分以上浸す、③0.1％以上の濃度の次亜塩素酸ナトリウム溶液に10分以上浸す、のいずれかが必要である（美容師法施行規則第25条第1号）。0.01％以上の濃度の消毒でよいのは、血液が付着していない器具の消毒である。b：正しい。c：正しい。d：誤り。逆性石けんの濃度は0.1％以上であることが必要である。

問題69　正解は4番

（1）適切。（2）適切。（3）適切。（4）不適切。いずれも熱に対して弱いので、熱消毒は不適切である。消毒時間は10分間が目安で、長時間消毒液に浸すことはさける。

問題70　正解は1番

（1）誤り。逆性石けんなどの消毒液使用液は、消毒用エタノール以外は毎日取り換える。（2）正しい。（3）正しい。（4）正しい。

問題71　正解は１番

a：正しい。b：正しい。c：誤り。メスシリンダーの読み方は、目を液面の高さに合わせ、真横から液面の低いほうを読む。d：誤り。薬品は、容器のラベルを右手で持って注ぐ。注ぎ終わったときに、液が落ちてもラベルを汚さないようにするためである。

問題72　正解は２番

A：「５」が入る。0.05％の使用液１リットル中の「溶質」は0.5mℓ（＝0.05％×1000mℓ）である。仮に５％製剤だとすると、10mℓの製剤の溶質は0.5mℓになる（10mℓ×５％＝0.5mℓ）。とすれば、水は990mℓ。B：「10」が入る。C：「990」が入る。

問題73　正解は３番

A：「10」が入る。B：「990」が入る。５％を0.05％にするには100倍に希釈する。A＋BがAの100倍になるのは10＋990。

問題74　正解は４番

５％の濃度を0.1％にするには50倍に薄める必要がある。つまり、２ℓの50分の１＝40mℓの製剤を水で薄めて２ℓにすると50倍になる。よって、水の量は２ℓ－40mℓ＝1,960mℓである。

問題75　正解は１番

a：正しい。濃度0.1％の溶液1,000mℓ中には溶質が１mℓ必要である。５％の製剤20mℓ中にはちょうど１mℓ入っているから、正しい。b：正しい。濃度10％の製剤10mℓ中には、溶質が１mℓだけ含まれる。それを1,000mℓ溶液にすると0.1％の濃度になる。c：誤り。濃度0.2％の溶液500mℓ中には溶質が１mℓだけ含まれる。20％溶液10mℓ中には２mℓ入っているから、正しく調製されていない。d：誤り。濃度10％の製剤５mℓ中には溶質が0.5mℓ含まれる。0.2％濃度の溶液500mℓ中には１mℓの製剤が必要だから、正しく調製されていない。

問題76　正解は１番

（１）正しい。５％の溶液を50倍に薄めるのだから、５％÷50＝0.1％になる。（２）誤り。10％の溶液を50倍に薄めると、10％÷50＝0.2％になり、0.1％にはならない。（３）誤り。５％の溶液を50倍に薄めると、0.1％になる。（４）誤り。15％の溶液を50倍に薄めると、0.3％になる。

保健

【人体の構造及び機能】

問題1　正解は4番

（1）誤り。左右の内眼角（けんかん）の間は眉間である。（2）誤り。眉間の上の部分は前額部（ひたい）（額）である。（3）誤り。鼻の先端部分は鼻尖である。（4）正しい。

問題2　正解は2番

（1）誤り。眉は顔の中央から外側に向かって生えている毛のことである。（2）正しい。（3）誤り。上唇の正中線を上下に走る溝は人中という。（4）誤り。口裂の両端を口角という。

問題3　正解は4番

（1）正しい。骨膜は薄い丈夫な膜で骨の外表面を包む。（2）正しい。骨のうち硬骨は、無機質の大部分がリン酸カルシウムでできている。（3）正しい。ハヴァース管は骨膜の下の緻密質にある管で、血管や神経が通る。（4）誤り。造血作用があるのは赤色骨髄である。造血作用を失った骨髄は脂肪で埋まり黄色く見えるため黄色骨髄という。

問題4　正解は1番

（1）該当する。新生児の頭蓋骨には大きな隙間があり、その隙間を大泉門とよぶ。（2）該当しない。新生児にも成人にもある。（3）該当しない。2と同じ。（4）該当しない。2と同じ。

問題5　正解は2番

（1）該当しない。黄色骨髄とは、造血作用を失った骨髄である。（2）該当する。（3）該当しない。骨膜は、骨の保護や成長などに役立つ。（4）該当しない。骨は緻密質から栄養を得ている。

問題6　正解は4番

（1）誤り。鞍（あん）関節には母指根などがあり、2方向に運動できる。（2）誤り。蝶番（ちょうつがい）関節には膝関節などがあり、1方向にだけ運動できる。（3）誤り。車軸関節には肘関節などがあり、1方向にだけ運動できる。（4）正しい。球関節には肩関節や股関節などがある。

問題7　正解は3番

（1）正しい。（2）正しい。（3）誤り。眼輪筋は目を閉じる筋である。（4）正しい。

問題8　正解は3番

（1）含まれる。（2）含まれる。（3）含まれない。咬筋は咀嚼筋の一つで、表情筋（顔面筋）より深部にある。（4）含まれる。

問題9　正解は2番

（1）該当しない。角膜は光の侵入口であり、水晶体と一緒にレンズの役割を果たす。（2）該当する。（3）該当しない。水晶体はレンズの役割を果たす。（4）該当しない。眼球結膜は眼球の表面を覆う透明な粘膜で、眼球の動きを円滑にする等の役割を果たす。

問題10　正解は3番

（1）該当しない。耳小骨は音の振幅を増幅させる。（2）該当しない。蝸牛は振動を感知する。（3）該当する。（4）該当しない。耳管は空気圧の調整をする。

問題11　正解は1番

（1）含まれない。中枢神経系は脳と脊髄のみである。脳神経は末梢神経系である。（2）含まれる。（3）含まれる。（4）含まれる。

問題12　正解は4番

（1）正しい。（2）正しい。（3）正しい。（4）誤り。交感神経と副交感神経は自律神経に属する。交感神経は皮膚の血管を収縮させるはたらきがあるので、寒い戸外に出ると顔色は青ざめ、血圧は上がる。それに対し副交感神経は、血管を拡張するはたらきがあるので熱くなると顔色は赤くなり、血圧は下がる。

問題13　正解は4番

（1）誤り。唾液が希薄で多量に分泌するのは、副交感神経が優位なときである。（2）誤り。気管支が収縮するのは、副交感神経が優位なときである。（3）誤り。瞳孔が縮小するのは、副交感神経が優位なときである。（4）正しい。

問題14　正解は1番

（1）該当する。（2）該当しない。知覚神経は感覚器の興奮を中枢神経に伝達する神経である。（3）該当しない。交感神経は自律神経であり、無意識に機能する。（4）該当しない。副交感神経は自律神経である。

問題15　正解は4番

（1）誤り。交感神経が優位のとき、心拍数は増加する。（2）誤り。交感神経が優位のとき、唾液は濃厚・少量になる。（3）誤り。交感神経が優位のと

き、気管支は拡張する。（4）正しい。

問題16　正解は1番

（1）正しい。（2）誤り。血液は体重の約8％を占めている。（3）誤り。血液の液体成分は血漿<ruby>けっしょう</ruby>といい、全体の50～70％程度である。それ以外の細胞成分は血球<ruby>けっきゅう</ruby>とよばれる。（4）誤り。血液が凝固したものを血餅<ruby>けっぺい</ruby>とよぶ。

問題17　正解は2番

（1）誤り。気管の先に気管支があるため、正解は1か2だが、咽頭は喉頭よりも上にある。（2）正しい。病院の「耳鼻咽喉科」も「咽」頭・「喉」頭の順となっている。（3）誤り。1と同じ。（4）誤り。1と同じ。

問題18　正解は4番

（1）正しい。（2）正しい。肺循環は小循環ともよばれる。（3）正しい。普通は動脈には動脈血が流れるが、肺動脈は例外である。（4）誤り。心臓の右心室から出る血液は、肺動脈、肺の毛細血管、肺静脈を経て、左心房に戻り、これを肺循環（小循環）とよぶ。

問題19　正解は4番

（1）該当しない。血液は、右心房→右心室→肺動脈→肺→肺静脈→左心房→左心室→大動脈→全身と循環する。（2）該当しない。1と同じ。（3）該当しない。1と同じ。（4）該当する。

問題20　正解は3番

（1）誤り。好中球は白血球の一種で、異物の捕食をする。（2）誤り。好塩基球は即時型アレルギー反応に関与している。（3）正しい。（4）誤り。単球は食作用に関与している。

問題21　正解は3番

（1）誤り。酸素の運搬は赤血球の機能である。（2）誤り。二酸化炭素の運搬は赤血球の機能である。（3）正しい。（4）誤り。血液凝固は血小板の機能である。

問題22　正解は2番

（1）含まれない。血液の小循環は肺循環ともよばれ、右心室→肺動脈→肺→肺静脈→左心房の循環のことをいう。（2）含まれる。（3）含まれない。1と同じ。（4）含まれない。1と同じ。

問題23　正解は4番

（1）正しい。肝臓といえば解毒作用である。（2）正しい。アルコールの分解も肝臓の役目である。（3）正しい。胆汁は肝臓で作られ、胆嚢に蓄えられ

る。（4）誤り。肝臓はブドウ糖を「グリコーゲン」に合成して蓄える。

問題24　正解は3番

（1）正しい。（2）正しい。（3）誤り。トリプシンはタンパク質分解酵素の一種で、脂肪とは関係ない。脂肪を分解して脂肪酸とグリセリンにするのは膵臓からのリパーゼであるステアプシンなどがある。（4）正しい。

問題25　正解は4番

（1）含まれる。デンプン分解酵素である。（2）含まれる。タンパク質分解酵素である。ペプトンをペプチドまで分解する酵素。（3）含まれる。脂肪を分解して脂肪酸とグリセリンに分解する脂肪分解酵素である。（4）含まれない。ペプシンは胃から分泌されるタンパク質分解酵素である。

【皮膚科学】

問題26　正解は1番

（1）正しい。皮膚は表皮、真皮、皮下組織の3つの層からできている。（2）誤り。真皮はコラーゲンからできている膠原線維が大部分を占め、その間にエラスチンという弾性線維がある。（3）誤り。皮膚の色の黒さはメラニンの量による。（4）誤り。表皮と真皮の境界は波形をしており、乳頭や表皮突起とよばれる部分がある。

問題27　正解は2番

（1）正しい。（2）誤り。角化細胞は表皮の95％を占めるが、表面から角質層・顆粒層・有棘層・基底層の順番である。（3）正しい。表皮には、角化細胞・色素細胞・ランゲルハンス細胞があり、ランゲルハンス細胞は免疫をつかさどる。（4）正しい。

問題28　正解は3番

（1）正しい。角化細胞は表皮の細胞である。（2）正しい。（3）誤り。膠原線維は真皮内に存在する。（4）正しい。

問題29　正解は3番

（1）正しい。角化細胞はケラチン（タンパク質）をつくる。ケラチンは角質層を形成する。（2）正しい。色素細胞は皮膚色素のメラニンをつくる。（3）誤り。肥満細胞は免疫に関係する細胞である。皮下脂肪をつくるのは脂肪細胞である。（4）正しい。ランゲルハンス細胞はマクロファージ系の細胞で、外界から侵入してきた抗原物質をとりこんで処理する。

問題30　正解は4番

（1）正しい。頭毛の成長期は全体の約9割と長い。（2）正しい。（3）正しい。（4）誤り。汗腺の1つであるアポクリン腺は外耳道、腋下などにある。手掌と足底に多く分布するのはエクリン腺である。

問題31　正解は4番

（1）誤り。主な部分は毛皮質である。毛は中心が毛髄質、そのまわりに毛皮質があり、表面は毛小皮とよばれる。（2）誤り。頭毛は成長期が長く休止期が短い。（3）誤り。眉毛・耳毛・鼻毛は年をとると長くなる。（4）正しい。人間以外の動物はすべての毛が同じ周期で成長・脱毛するが、人間の毛は1本ごとに独立して周期を繰り返す。

問題32　正解は3番

（1）誤り。爪の主な成分はケラチンである。（2）誤り。爪には水分も脂肪も少ないが「ない」わけではない。水分は爪の約10％、脂肪分は0.5％である。（3）正しい。爪母は、爪根の基部にある。（4）誤り。爪の縦溝は高齢になるにつれて深くなる。

問題33　正解は4番

（1）誤り。成人の平均的な頭毛数は約10万本である。（2）誤り。頭毛の太さは約0.1mmである。（3）誤り。毛はケラチンからできている。（4）正しい。毛根の外側を鞘のように包む組織を毛包という。

問題34　正解は3番

（1）誤り。爪は毛と違って成長周期はない。（2）誤り。手掌や足底に多いのはエクリン腺である。（3）正しい。（4）誤り。日本人の頭毛が黒いのは、メラニンの量が多いためである。

問題35　正解は1番

（1）誤り。表皮は老化すると薄くなる。それがしわの原因である。（2）正しい。しわは弾性線維の変化による。（3）正しい。（4）正しい。

問題36　正解は1番

（1）正しい。（2）誤り。皮脂の分泌が多いのは、頭部、特に額である。（3）誤り。経皮吸収には、表皮から真皮に至る「表皮」経路と、「皮膚付属器官」経路とがある。（4）誤り。爪母が保存されていれば、引きはがされても爪は再生する。

問題37　正解は3番

（1）正しい。（2）正しい。（3）誤り。正常皮膚は、弱酸性に保たれてい

る。（4）正しい。

問題38　正解は1番

a：正しい。b：正しい。c：誤り。味覚性発汗とはすっぱいものや辛いものを食べた際に、額、鼻背（びはい）から口のまわりに発汗することをいう。d：誤り。汗の分泌の主な目的は体温を調節することにある。

問題39　正解は2番

（1）正しい。（2）誤り。しわでは膠原線維は減少するが、変化はしていない。（3）正しい。一方、乾性のふけ症はシャンプーをしすぎないことが大切である。（4）正しい。

問題40　正解は1番

（1）正しい。尋常性や青年性扁平疣贅（ゆうぜい）はヒト乳頭腫ウイルスによってできる。この他に老人性があるが、これはウイルスによるものではなく、一種の老化現象である。（2）誤り。染毛剤で一度カブレを起こした人は濃度を薄めてもかぶれる。（3）誤り。帯状疱疹（帯状ヘルペス）の主な原因は帯状疱疹ウイルスである。（4）誤り。円形脱毛症の原因は不明とされており、1度なおったからといって、2度とかからない保証はない。

問題41　正解は2番

（1）正しい。（2）誤り。接触皮膚炎は以前かぶれた原因物質によって感作が成立しているため、薄めて使用してもカブレが起こる。（3）正しい。（4）正しい。

問題42　正解は1番

（1）誤り。かぶれた場合は使用を中止する。濃度を変えてもかぶれる。（2）正しい。（3）正しい。（4）正しい。

問題43　正解は2番

（1）誤り。脂漏性皮膚炎は真菌の一種が関与されると考えられている。（2）正しい。頭部白癬（はくせん）は白癬菌という真菌（カビ）で起こる。（3）誤り。虱症（しらみ）はアタマジラミというシラミが原因である。（4）誤り。円形脱毛症の原因は不明だが感染症ではない。

問題44　正解は1番

（1）正しい。尋常性毛瘡は細菌で起こる。（2）誤り。青年性扁平疣贅（ゆうぜい）はウイルスによる。（3）誤り。頭部白癬は真菌による。（4）誤り。伝染性膿痂疹（トビヒ）は細菌による。

問題45　正解は4番

（1）誤り。円形脱毛症は再発しやすい。（2）誤り。トビヒは化膿菌、特にブドウ球菌で起こる。（3）誤り。中性石けんによるシャンプーを行い、軽いマッサージをして血行をよくするとよい。（4）正しい。

問題46　正解は2番

（1）誤り。伝染性膿痂疹（トビヒ）は化膿菌、とりわけブドウ球菌によって起こる。（2）正しい。尋常性疣贅とはふつうのイボのことだが、ヒト乳頭腫ウイルスで起こる。（3）誤り。体部白癬（ゼニタムシ）は真菌（カビ）で起こる。（4）誤り。疥癬（ヒゼン）はダニで起こる。

問題47　正解は4番

（1）正しい。（2）正しい。（3）正しい。（4）誤り。頭部白癬は、白癬菌という真菌（カビ）によって引き起こされる。

香粧品化学

問題1　正解は1番

（1）該当しない。医薬品医療機器等法第2条第3項には、「この法律で『化粧品』とは、人の身体を清潔にし、美化し、魅力を増し、容貌を変え、又は皮膚若しくは毛髪を健やかに保つために、身体に塗擦、散布その他これらに類似する方法で使用されることが目的とされている物」とある。人の皮膚もしくは毛髪に栄養を与え、衰えを防ぐ、という内容は含まれていない。（2）該当する。1の「身体を……美化し、魅力を増し、容貌を変え」というところである。（3）該当する。1の「皮膚若しくは毛髪を健やかに保つ」というところである。（4）該当する。1の「人の身体を清潔にし」のところである。

問題2　正解は3番

（1）該当する。毛髪用化粧品類の代表的な効能である。（2）該当する。化粧用油や化粧水の効能である。（3）該当しない。脂肪を燃焼させる香粧品はない。（4）該当する。アフターシェービングクリームの効能である。

問題3　正解は4番

（1）誤り。古いものにつぎ足すと、古いものがずっと残る。古いものを使い切ってから新しいものを入れるべきである。（2）誤り。冷凍庫に入れると凍結し、品質が変化するおそれがある。（3）誤り。温度変化で品質が変化するおそれがある。（4）正しい。

問題4　正解は4番

（1）正しい。pHは水素イオン濃度の逆数の常用対数として定義される。（2）正しい。中性溶液では水素イオン濃度が1.0×10^{-7}mol/ℓだから、その逆数の常用対数は7になる。（3）正しい。（4）誤り。アルカリ性ということは水素イオン濃度が高いことになるから、pHの数字は大きくなる。説明が逆である。

問題5　正解は2番

（1）正しい。（2）誤り。水やエタノールは、香粧品の水性原料として多く用いられる。（3）正しい。（4）正しい。

問題6　正解は3番

（1）正しい。（2）正しい。（3）誤り。エラスチンは、動物系である。（4）正しい。

問題7　正解は2番

（1）正しい。（2）誤り。雲母チタンは無機顔料であって、有機顔料ではない。（3）正しい。（4）正しい。

問題8　正解は1番

（1）誤り。酸化チタンは白色顔料ではあるが、収れん・消炎作用はない。（2）正しい。（3）正しい。（4）正しい。

問題9　正解は1番

（1）誤り。ジブチルヒドロキシトルエンは抗酸化剤である。（2）正しい。典型的な紫外線吸収剤である。（3）正しい。2と同じ。（4）正しい。典型的な収れん剤である。

問題10　正解は1番

（1）正しい。（2）誤り。臭素酸カリウムは酸化剤である。（3）誤り。チオグリコール酸は還元剤である。（4）誤り。パラオキシ安息香酸エステルは防腐・殺菌剤である。

問題11　正解は3番

A：「収れん剤」が入る。アストリンゼントローションやアフターシェービングローションは収れん性化粧水の代表例である。B：「弱酸性」が入る。収れん性化粧水は pH が5～6の弱酸性である。

問題12　正解は4番

（1）正しい。（2）正しい。（3）正しい。（4）誤り。殺菌消毒作用が強いのは、陽イオン（カチオン）界面活性剤である。

問題13　正解は4番

（1）正しい。（2）正しい。（3）正しい。（4）誤り。W/O型は油中水型（分母にあたるのがO＝油相）なので、油相に水滴が分散している。

問題14　正解は1番

（1）正しい。（2）誤り。システインはアミノ酸の一種である。（3）誤り。ワセリンは炭化水素の一種である。（4）誤り。セタノールは高級アルコールの一種である。

問題15　正解は3番

（1）正しい。（2）正しい。（3）誤り。メタノール（メチルアルコール）は毒性が強く、化粧品基準で配合が禁止されている。（4）正しい。

問題16　正解は2番

（1）正しい。（2）誤り。ロウ類は、高級脂肪酸と高級アルコールとのエス

テルである。（3）正しい。（4）正しい。

問題17　正解は1番

（1）誤り。ノニオン界面活性剤は、水溶液中でイオンに乖離する活性基をもたない。（2）正しい。（3）正しい。（4）正しい。

問題18　正解は2番

（1）正しい。SPF値は、UV-Bを防御する程度を表す。（2）誤り。PA分類は＋の数が多いほど防御効果が高いが、UV-Aの防御効果を表すものである。（3）正しい。SPF値は高い方が防御効果が高い。（4）正しい。PA分類は、UV-Aを防御する程度を表す。

問題19　正解は4番

（1）正しい。（2）正しい。（3）正しい。（4）誤り。紫外線による急性の炎症をサンバーンというが、サンバーンはUV-Bによって引き起こされ、UV-Bを防御する程度の指標はSPFである。

問題20　正解は2番

（1）正しい。（2）誤り。炭化水素は動植物から採取されることもある。（3）正しい。（4）正しい。

問題21　正解は3番

（1）正しい。（2）正しい。（3）誤り。ベンガラは酸化鉄で、着色顔料に分類される。（4）正しい。

問題22　正解は2番

A：「可燃性」が入る。B：「液化石油ガス」が入る。C：「引火や爆発」が入る。現在、エアゾール製品の噴射剤として液化石油ガスが使用されているが、以前は主にフロンガスが用いられていた。使用規制後は、液化石油ガスの他、ジメチルエーテルが用いられている。

問題23　正解は1番

（1）誤り。永久染毛剤では、毛の色素のメラニンを酸化脱色し、同時に酸化染料を浸透させる。（2）正しい。（3）正しい。使用する際は都度使用に先だってパッチテストを行うことが必要である。（4）正しい。パラフェニレンジアミンは代表的な酸化染料である。

問題24　正解は2番

（1）誤り。染毛剤には、一時染毛料、半永久染毛料と永久染毛剤（酸化染毛剤）がある。ヘアブリーチ剤は、脱色する目的で用いられる。（2）正しい。（3）誤り。半永久染毛料は酸性染料による染毛法であり、酸性の状態で行わ

れ、アレルギーや頭毛を損傷する事が少ない。（4）誤り。ヘアブリーチ剤は
使用前の皮膚貼付試験の義務はない。しかし化学反応を利用するので、使用
上の注意事項をよく読んで用いる。

問題25　正解は2番

（1）誤り。ポリビニルピロリドンは皮膜形成剤で、整髪剤に含まれる。（2）
正しい。噴射剤は、液化石油ガスやジメチルエーテルが用いられる。（3）誤
り。ヘアリンス剤には陽イオン界面活性剤が用いられる。陰イオン界面活性
剤はシャンプーの洗浄成分である。（4）誤り。3と同じ。

問題26　正解は1番

A：「チオグリコール酸」が入る。パーマネントウェーブ用剤の第1剤は、還
元剤とアルカリ剤である。還元剤にはチオグリコール酸やシステインなどが
用いられる。B：「還元剤」が入る。Aと同じ。C：「臭素酸カリウム」が入
る。第2剤は臭素酸カリウムや臭素酸ナトリウム、過酸化水素水などの酸化
剤になる。D：「酸化剤」が入る。Cと同じ。

問題27　正解は3番

A：「シスチン」が入る。B：「還元剤」が入る。C：「臭素酸カリウム」が
入る。第2剤は酸化剤のため、臭素酸カリウムや過酸化水素水が使われる。

問題28　正解は2番

（1）誤り。酸化染毛剤に含まれる過酸化水素水は酸化剤である。（2）正し
い。（3）誤り。酸化染毛剤に含まれるアンモニア水はアルカリ剤である。
（4）誤り。酸化染毛剤に含まれるメタフェニレンジアミンは調色剤（カップ
ラー）である。

問題29　正解は4番

a：正しい。b：誤り。臭素酸ナトリウムのほうが過酸化水素よりも酸化力
は弱い。c：誤り。モノエタノールアミンは第1剤においてアルカリ剤とし
て働く。d：正しい。

問題30　正解は4番

（1）誤り。アンモニア水はパーマ剤の第1剤におけるアルカリ剤である。
（2）誤り。パラフェニレンジアミンは酸化染毛剤における染料中間体であ
る。（3）誤り。レゾルシンは酸化染毛剤における調色剤（カップラー）であ
る。（4）正しい。

問題31　正解は2番

（1）正しい。（2）誤り。酸性染料は、水に溶かすとマイナスの電気を帯び、

プラスの電気を帯びるケラチンタンパク質と電気的に引き合う。（3）正しい。2と同じ。（4）正しい。

文化論及び美容技術理論

問題1　正解は4番

（1）正しい。（2）正しい。（3）正しい。（4）誤り。日本髪は、明治時代に入ってからも女性の髪型として多くみられた。

問題2　正解は2番

（1）該当する。（2）該当しない。サーファーカットは1975年ごろに登場した。（3）該当する。アメリカ映画の主演女優のマギー・マクナマラのヘアスタイルによる。（4）該当する。

問題3　正解は3番

（1）正しい。（2）正しい。ツイッギーとは「ミニスカートの女王」ともよばれたイギリスのモデルで、1967年10月18日に来日した。（3）誤り。ヒッピーファッションは長髪や破れたジーンズなどで、ミニスカートは含まれない。（4）正しい。

問題4　正解は1番

（1）誤り。「ワンレン・ボディコン」が話題となったのは、1980年代後半である。（2）正しい。（3）正しい。（4）正しい。

問題5　正解は4番

（1）正しい。（2）正しい。（3）正しい。（4）誤り。男子礼装の、黒羽二重五つ紋付きの着物と羽織、袴は慶弔の違いなく着用される。

問題6　正解は3番

（1）誤り。絵羽模様が特徴である色留袖は、女性の礼装の一種である。（2）誤り。黒留袖は、既婚者が礼装として着用する。（3）正しい。（4）誤り。付け下げの模様は、上前にもあしらわれている。

問題7　正解は3番

（1）該当しない。メスジャケットで、夜の略式礼装である。（2）該当しない。モーニングコートで、昼間の正式礼装である。（3）該当する。燕尾服は、夜の正式礼装である。（4）該当しない。タキシードで、夜の略式礼装である。

問題8　正解は4番

（1）正しい。（2）正しい。（3）正しい。（4）誤り。小袖の身丈は、床を引きずる引き裾となる丈に仕立てる。

問題9　正解は2番
　A：「人中」が入る。B：「口角」が入る。C：「オトガイ」が入る。

問題10　正解は2番
（1）誤り。説明はフロントポイントである。（2）正しい。（3）誤り。説明はトップポイントである。（4）誤り。説明はイヤーポイントである。

問題11　正解は1番
（1）誤り。コームの目に入った毛髪を一線にそろえるはたらきをするのは、歯元である。（2）正しい。（3）正しい。（4）正しい。

問題12　正解は1番
　A：「動刃」が入る。小指掛と薬指孔のある鋏身は安定させ、母指を入れる刃の方は動かす。B：「静刃」が入る。C：「母指孔」が入る。

問題13　正解は3番
（1）正しい。（2）正しい。（3）誤り。シザーズは、母指で操作するほうが動刃である。（4）正しい。

問題14　正解は3番
（1）正しい。（2）正しい。（3）誤り。レザーの刃線が内曲線状になっていると毛髪を切るときの力の配分が均等にならず、操作を正しく行うことができない。（4）正しい。

問題15　正解は2番
（1）正しい。（2）誤り。遠赤外線機は遠赤外線を利用している。（3）正しい。（4）正しい。

問題16　正解は3番
（1）正しい。（2）正しい。（3）誤り。着脱式のアタッチメントは、ブロードライスタイリングのために用途に応じて使用する。（4）正しい。

問題17　正解は1番
（1）正しい。（2）誤り。タービネートタイプのものは、スタンドドライヤーである。（3）誤り。スタンドドライヤーの多くは、1,000W 程度の消費電力である。（4）誤り。ヘアスチーマーは、蒸気を利用して技術効果を高める。

問題18　正解は1番
（1）誤り。線をさまざまな形に配置して錯覚を生じさせるものは、幾何学的錯視である。（2）正しい。（3）正しい。（4）正しい。

問題19　正解は1番

（1）該当する。シンメトリーは左右対称のことをいう。（2）該当しない。アシンメトリーは左右非対称のことをいう。（3）該当しない。アンバランスは不均衡なことをいう。（4）該当しない。コントラストは並置されているものが著しく異なっていることをいう。

問題20　正解は3番

（1）正しい。（2）正しい。（3）誤り。無理に押し付けないように注意し、強く押し付けるように圧迫すべきではない。（4）正しい。

問題21　正解は1番

（1）正しい。（2）誤り。振動法は、右手掌を右耳上部後方に、左手掌を左耳上部前方にあて、両手掌に振動をあたえながら圧迫し、そのまま徐々に、指の付け根から指先を頭頂につけていく手技である。（3）誤り。ハッキングは、両手の指間を開け、手掌の外側面で軽く交互に叩打（こうだ）する打法である。（4）誤り。タッピングは、指の掌面を用いて頭をはじくように叩打する打法である。

問題22　正解は1番

a：正しい。アニオン界面活性剤の主な特長は、洗浄効果を高めることと、泡立ちをきめ細かく豊かにすることの2つである。b：正しい。aと同じ。c：誤り。保湿は、湿潤剤などの働きである。d：誤り。静電気防止効果はアニオン界面活性剤には特にない。

問題23　正解は2番

（1）誤り。脂性の頭皮・毛髪には洗浄効果を主としたシャンプー剤を使用する。油成分の配合が少なく、洗浄力が強いので脱脂効果があるためである。（2）正しい。（3）誤り。乾性の頭皮にはコンディショニング効果のあるシャンプー剤が適している。洗浄力を多少抑えてコンディションを整えるのが特徴である。（4）誤り。ふけとり用シャンプーには殺菌効果のあるジンクピリチオンなどの薬剤が配合されたシャンプー剤が適している。

問題24　正解は3番

（1）正しい。（2）正しい。（3）誤り。ブラッシングは根元から毛先に向かって行うが、必ずしもつむじから生え際に向けて行うわけではない。典型的には最初は生え際からゴールデンポイントへブラッシングし、最後にゴールデンポイントからバックへブラッシングする。（4）正しい。

問題25　正解は4番

（1）正しい。（2）正しい。（3）正しい。（4）誤り。グリチルリチン酸モノアンモニウムは育毛剤の成分ではあるが、血行促進の効果ではなく、消炎効果である。

問題26　正解は1番

（1）誤り。バック（逆）なのだから、毛先から根元に向かって毛髪をとかす。（2）正しい。（3）正しい。（4）正しい。

問題27　正解は2番

（1）誤り。ヘアカッティングの際、肘の位置をカットラインに合わせることが大切であり、左サイドの前上がりラインを切る場合は、左へ上がるラインのため左肘を上げる。（2）正しい。（3）誤り。目線の高さを調節する場合は、背筋を曲げずに膝の屈伸で対応する。（4）誤り。切る対象に対して、腕が軽く曲がるくらいの間隔をおいて立つ。

問題28　正解は2番

（1）正しい。（2）誤り。温風を1か所に長く当てると毛髪が傷む。（3）正しい。（4）正しい。風の吹き出し口を毛先から頭皮の方向に向け風を当てると毛がとんでしまう。

問題29　正解は4番

（1）該当しない。説明はワンレングスカットである。（2）該当しない。説明はセイムレングスカットである。（3）該当しない。説明はレイヤーカットである。（4）該当する。

問題30　正解は1番

（1）正しい。（2）誤り。段カットとよばれるのは、レイヤーカットである。（3）誤り。レイヤーカットは、上部の層の毛髪よりも下部の層の毛髪のほうが長い。（4）誤り。セイムレングスカットは、毛髪全体をほぼ同じ長さでカットする技法である。

問題31　正解は3番

（1）正しい。（2）正しい。（3）誤り。セニングカットでは、横パネルに対してシザーズを直角に入れないように斜めに入れる。（4）正しい。

問題32　正解は1番

（1）正しい。（2）誤り。ダウンステムでシェープした場合のシルエットは、最も長い毛髪の部分がボリュームの頂点になる。（3）誤り。毛髪をすべて自然に落ちる位置にシェープしてカットした場合は、ワンレングスカット等に

なるが、頭部の形のシルエットにはならない。（4）誤り。オンベースにシェープしてカットした場合のシルエットは、骨格に沿った、ほぼ均等なものになる。

問題33　正解は3番

（1）正しい。（2）正しい。（3）誤り。ディープテーパーカットは、根元近くからテーパーするカット技法である。（4）正しい。

問題34　正解は1番

（1）誤り。カチオン界面活性剤は、静電気を防止し、毛髪の手触りやくし通りをよくする。（2）正しい。（3）正しい。（4）正しい。

問題35　正解は4番

（1）正しい。（2）正しい。アンモニアは第1剤のアルカリ剤の代表例である。（3）正しい。第1剤は還元剤とアルカリ剤を主成分とするが、チオグリコール酸とシステインは還元剤の代表例である。（4）誤り。チオグリコール酸はアルカリ剤である。酸化剤の代表例は臭素酸ナトリウムである。

問題36　正解は2番

（1）正しい。（2）誤り。毛髪を膨潤させ、パーマ剤の浸透を促すのはアルカリ剤である。（3）正しい。アルカリ剤は還元を促進する役割もある。（4）正しい。

問題37　正解は3番

A：「ロッド」が入る。ウエーブの大小は、ロッドの太さで決まる。B：「太さ」が入る。C：「3」が入る。フルウエーブには使用するロッドの3回転分の長さが必要である。

問題38　正解は2番

（1）誤り。フラットカールにはスカルプチュアカール、クロッキノール・カール、メイポール・カールなどがある。リフト・カールやバレル・カールはスタンド・アップ・カールに属する。（2）正しい。（3）誤り。1と同じ。（4）誤り。1と同じ。

問題39　正解は1番

（1）該当する。図のようにループの両側にまたがってピンを打つのを両面打ちという。（2）該当しない。ループの中心からピンを差し入れ、ループの片側だけにピンを打つのを片面打ちという。（3）該当しない。スタンドアップカールでは、ピンをステムの方向に直角に打つが、これを水平打ちという。（4）該当しない。アメリカピンをステムの方向に対し直角にステムとループ

の下面を留め、これに交差（クロス）させてオニピンでループの形を固定さ
せるピニングをクロスピニングという。

問題40　正解は3番

（1）誤り。ステムの角度は、仕上がり時のボリュームに関係する。（2）誤
り。ステムの方向と角度を1つに結び付けるところは、ピボットポイントと
いう。（3）正しい。（4）誤り。カールステムとは、ベースからピボットポ
イントまでの部分をいう。

問題41　正解は2番

（1）該当しない。メイポールカールであるが、根元から巻かれるため、ウェー
ブの幅は根元ほど狭くなるが、図のカールはウェーブ幅が同じである。
（2）該当する。スカルプチュアカールであり、ウェーブ幅が同じになる。
（3）該当しない。リフトカールであるが、カールが頭皮から立ち上がる状態
になる。（4）該当しない。クロッキノールカールであるが、毛先ほどウェー
ブ幅が狭くなる。

問題42　正解は3番

（1）誤り。ダウンスタイルは、頭頂部を中心に下方にロッドを配列してい
く。（2）誤り。リーゼントスタイルは、後ろに強い方向性をつける巻き方で
ある。（3）正しい。（4）誤り。リバーススタイルは、フロントを斜め前に
ワインディングし、サイドが斜め後方に流れるスタイルである。

問題43　正解は4番

（1）誤り。根元の新生部のほうがパーマはかかりにくい。（2）誤り。水巻
きは、ウェットヘアの状態でワインディング後、第1剤を塗布する方法であ
る。（3）誤り。つけ巻きするとパーマ剤の作用は強くなる。（4）正しい。

問題44　正解は2番

A：「$\frac{1}{2}$」が入る。ウェーブ幅の $\frac{1}{2}$ のところをスライスする。B：「$\frac{2}{3}$」が
入る。C：「$\frac{1}{3}$」が入る。

問題45　正解は3番

（1）誤り。テストカールでは第1剤がどの程度毛髪に作用しているかを調べ
る。（2）誤り。テストカールの場所は、使用したロッドの太めと細め、ある
いはその中間部分、早めに巻いたところと後から巻いたところ、かかりにく
そうだった部分とかかりやすそうだった部分である。（3）正しい。（4）誤
り。タイム不足の場合、カール径がロッドの直径の2.5倍以上になる。

問題46　正解は1番

A：「根元」が入る。B：「ウェーブ幅」が入る。根元から巻かれるため、ウェーブの幅は根元ほど狭い。C：「弾力」が入る。根元から巻かれるため、毛先では弾力が弱い。D：「ストランドカール」が入る。ベースを形取って巻くカールはストランドカールである。

問題47　正解は3番

（1）該当しない。「ウエーブ幅×2/3＝ループの直径」という公式から、2.0cmが正しい。（2）該当しない。1と同じ。（3）該当する。（4）該当しない。1と同じ。

問題48　正解は2番

A：「2cm」が入る。ループの直径はウエーブ幅の3分の2である。ウエーブ幅が3cmならループの直径は2cmになる。B：「1cm」が入る。カールスペースはウエーブ幅の3分の1なので、カールスペースは1cmになる。C：「4cm」が入る。ウエーブが3cmで、カールスペース1cmが加わるので4cmになる。

問題49　正解は2番

a：誤り。字のとおり、クロックワイズワインドカールは時計回りだから右巻き、そのカウンター（逆）は左巻きになる。b：正しい。c：正しい。d：誤り。耳にそって巻かれたものはフォワードカール。リバースは逆である。

問題50　正解は1番

（1）誤り。永久染毛剤はパーマネントヘアカラーとよばれ、ヘアマニキュアは半永久染毛料のうちの1つである。（2）正しい。（3）正しい。（4）正しい。

問題51　正解は1番

（1）誤り。眉毛やまつ毛にはヘアカラーリングはしない。（2）正しい。（3）正しい。（4）正しい。

問題52　正解は2番

（1）正しい。パッチテストの途中で異常があった場合は、すぐに洗い落とし、染毛はしない。（2）誤り。太く、硬く、撥水性がある髪は「赤み」が出やすい。（3）正しい。（4）正しい。

問題53　正解は4番

a：染まりにくい。フロント、生え際は染まりにくい。b：染まりやすい。頭頂部周辺は地肌の温度が高く染まりやすい。c：染まりやすい。こめかみ

は毛髪がやわらかく染まりやすい。d：染まりにくい。ネープ付近は毛髪が
硬く染まりにくい。

問題54　正解は２番

（1）誤り。プライマリーカラー（色の三原色）は赤・黄・青である。（2）
正しい。（3）誤り。明度が低いと暗い色（黒に近い色）になる。（4）誤り。
有彩色は赤み、黄み、青みといった色みのある色をいう。

問題55　正解は２番

（1）誤り。損傷のある部分は明るく出やすいので、希望色より明度の低い染
毛剤を選択するか、塗布量を少なめにする。（2）正しい。（3）誤り。フロ
ントは染まりにくい。（4）誤り。バージンヘアの毛先は染まりにくく、根元
が染まりやすい。

問題56　正解は１番

（1）正しい。（2）誤り。白髪は染まりにくいため、白髪の多い部分から塗
布し、白髪染めを塗っている時間を長くする。（3）誤り。ヘアカラーの場合
の放置時間は約20 〜 40分である。（4）誤り。パッチテストは染毛剤による
アレルギーの有無を確認するために、施術前に行うものである。

問題57　正解は１番

Ａ：「キューティクル」が入る。Ｂ：「毛皮質」が入る。Ｃ：「固着」が入る。
正しくは「永久染毛剤は、染毛成分がキューティクルおよび毛皮質の奥深く
まで浸透し、化学的に固着するため長期にわたって染毛効果が持続するもの
である。」となる。永久染毛剤は、植物性染毛剤、金属性染毛剤、合成染毛剤
に分けられる。

問題58　正解は２番

（1）誤り。フットパドルが使用されるのは足の裏等のかたい角質を処理する
際である。（2）正しい。（3）誤り。ペディキュアは、足の爪とそのまわり
の皮膚を手入れし、健康で美しい指先を作ることである。（4）誤り。アーテ
ィフィシャルネイルとは、人工的に造られる爪のことである。

問題59　正解は１番

（1）正しい。ファイルとはやすりのことで、表面のつやを取り除いたり形を
整えるときに使う。（2）誤り。ネイルバッファーは爪の表面を磨くものであ
る。（3）誤り。キューティクルプッシャーは爪小皮を起こし上げるものであ
る。（4）誤り。キューティクルニッパーとは爪上皮を切るためのはさみであ
る。

問題60　正解は3番

（1）該当しない。「スクエア」である。（2）該当しない。「スクエアオフ」である。（3）該当する。（4）該当しない。「ポイント」である。

問題61　正解は2番

（1）正しい。（2）誤り。アートチップは、アートが施されているチップを、爪に両面テープなどで一時的に装着する技術である。（3）正しい。（4）正しい。

問題62　正解は2番

（1）誤り。キューティクルプッシャーは、キューティクルを押し上げるものである。（2）正しい。（3）誤り。ウッドスティックは、コットンを巻き、油分やカラーの除去などに使用する木の棒である。（4）誤り。フットパドルは、足の裏などの硬い角質を処理する際に使用するものである。

問題63　正解は2番

ａ：誤り。ファンデーションは必ずしも、肌に水分を補給しない。ｂ：正しい。ファンデーションの目的の1つである。ｃ：正しい。ｄ：誤り。皮膚の表面から水分の蒸発を防ぐためではない。

問題64　正解は4番

（1）正しい。（2）正しい。（3）正しい。（4）誤り。グルーのアレルギーを調べるためのパッチテストでは、施術後、2～3日ほど様子をみる。

問題65　正解は3番

（1）誤り。カウンセリングは来店前の確認時・施術前・施術後の3回行う。（2）誤り。カウンセリングは目についてだけでなく、健康状態等についても行う。（3）正しい。（4）誤り。アレルギー反応には即時型と遅延型があり、遅延型は施術後しばらくしてからあらわれる。

問題66　正解は3番

（1）誤り。施術中にコンタクトレンズは使用できない。（2）誤り。リペアはおおむね2～3週間で必要になる。（3）正しい。（4）誤り。抗体は長い時間をかけて体内に生じることも多いため、過去にアレルギー性の接触皮膚炎を発症しなかった物質でも、突然かぶれるようになることもある。

問題67　正解は1番

（1）正しい。（2）誤り。単衣は裏地をつけない着物のことである。（3）誤り。比翼仕立は2枚の着物を重ね着しているように見せる仕立て方のことである。（4）誤り。共八掛は表生地と同じ布地・色柄の裾まわしの仕立てのも

のである。

問題68　正解は1番

（1）該当する。（2）該当しない。袖下は袖の下側をいう。（3）該当しない。ふりは袖付けから袖下までのあいた部分である。（4）該当しない。袖口はそこでの手が出る部分である。

問題69　正解は1番

（1）正しい。（2）誤り。帯留めは帯締めにつける装飾品である。（3）誤り。帯枕は帯の形を整える道具である。（4）誤り。帯揚げは絞り染、ぼかし染、無地等がある。

問題70　正解は4番

（1）誤り。名古屋帯の説明である。（2）誤り。丸帯の説明である。（3）誤り。袋帯よりも、名古屋帯や丸帯の方が幅が広い。（4）正しい。

問題71　正解は4番

（1）誤り。帯揚げは着物や帯の色に合わせて色を選び、慶事には白無地を用いる。（2）誤り。帯の折り幅は、若い人は広めにする。（3）誤り。体型補整は、長襦袢の着付け前に、肌襦袢を着た上から行う。（4）正しい。

問題72　正解は3番

（1）該当しない。袋帯は女性の和装に使われる。（2）該当しない。名古屋帯は女性の和装に使われる。（3）該当する。男性和装に用いる角帯の一般的な帯幅は約9〜10センチメートル、丈4メートル前後で、袋帯や単帯、芯を入れて仕立てたものがある。（4）該当しない。細帯は女性の和装に使われる。

問題73　正解は2番

（1）該当しない。ベルラインである。（2）該当する。（3）該当しない。ミディドレスである。（4）該当しない。マーメイドラインである。